ARKANA

D1640778

Buch

Obwohl Oswald Mühlmann sich selbst bescheiden als Durchschnittsbürger bezeichnet, besitzt er eine höchst seltene Gabe: Er kann mit bloßem Auge das Energiefeld eines Menschen sehen und daraus Rückschlüsse auf dessen körperliche und seelische Verfassung ziehen sowie Schicksalsereignisse voraussagen. Nähe, Mut, Neugierde, Vertrauen und Besinnung bezeichnen die fünf Pfade, auf denen er in die Geheimnisse der unsichtbaren Welt vordrang. In seinem Buch zeichnet er seinen Lebensweg nach. Angefangen bei seiner Kindheit, die er zusammen mit acht Geschwistern auf einem Bauernhof in den Osttiroler Bergen verbrachte, bis zu seinem heutigen Leben, in dem seine übersinnliche Begabung eine wichtige Rolle spielt, beschreibt er Schritt für Schritt die einzelnen Stufen seiner Entwicklung. Dabei weiht er den Leser nicht nur in die Kunst des Hellsehens ein, sondern lehrt ihn vor allem die Fähigkeit, ein gesundes, zufriedenes und ausgeglichenes Leben zu führen.

Autor

Oswald Mühlmann wurde 1957 auf einem Bauernhof in Außervillgraten in Osttirol geboren. Er übte in seinem Leben viele Berufe aus, war Zeitungsverkäufer, Chauffeur, Skisanitäter, Bauarbeiter, Baggerführer und Sportmasseur. Heute lebt er in Lustenau im österreichischen Bundesland Vorarlberg und arbeitet bei einem Security-Dienst als Wachmann.

Oswald Mühlmann

AUS MEINER SICHT

Erkenntnisse und Ratschläge eines Hellsehers

ARKANA

GOLDMANN

Umwelthinweis:
Alle bedruckten Materialien dieses Taschenbuches
sind chlorfrei und umweltschonend.
Das Papier enthält Recycling-Anteile.

Originalausgabe Juni 2001
© 2001 Wilhelm Goldmann Verlag, München
in der Verlagsgruppe Random House GmbH
Umschlaggestaltung: Design Team München
Umschlagfoto: Guido Pretzl
Redaktion: Dr. Ingrid Klein
Satz: Uhl + Massopust, Aalen
Druck: Elsnerdruck, Berlin
Verlagsnummer: 21585
WL · Herstellung: WM
Made in Germany
ISBN 3-442-21585-4
www.goldmann-verlag.de

1. Auflage

Inhalt

Vorwort

Mein Name ist Oswald Mühlmann. Ich bin 42 Jahre alt und lebe in Lustenau, in einer österreichischen Gemeinde in Vorarlberg, direkt an der Schweizer Grenze. Zur Zeit arbeite ich beim Security-Sicherheitsdienst. Davor habe ich viele andere Berufe ausgeübt. Ich war Zeitungsverkäufer, Skisanitäter, Chauffeur, Bauarbeiter, Radladerfahrer und Sportmasseur. Geht es nach dem äußeren Schein, gehöre ich zu der unzähligen Masse von Durchschnittsbürgern, die keinerlei öffentliche Beachtung finden. Und doch verfüge ich über eine Fähigkeit, die höchst selten ist. Man bezeichnet diese Fähigkeit landläufig als den »Sechsten Sinn«. Ich kann das Energiefeld eines Menschen, seine so genannte Aura, mit bloßem Auge sehen und daraus Rückschlüsse auf seine körperliche und seelische Verfassung ziehen.

Meine Hellsichtigkeit ist heute so weit entwickelt, dass ich einerseits durch den Menschen hindurchschauen und dabei die Beschaffenheit seines Blutbildes erkennen kann. Andererseits bin ich außerdem in der Lage, in die Tiefe seines Energiefeldes hineinzublicken, um daraus Rückschlüsse auf eventuelle energetische Blockaden oder Schicksalsereignisse* ziehen zu können. Viele hellsichtige Personen, die ich kenne, betätigen sich als Wahrsager. Auch ich habe diese Möglichkeit in Betracht gezogen. Nach reiflicher Überlegung und auf Grund meiner eigenen Erfahrungen bin ich jedoch zu der Schlussfolgerung gekommen, dass ich meine Fähigkeit besser nutzen kann. Mein Wunsch ist es, den Menschen zu helfen, gesünder, zufriedener und ausgeglichener zu leben.

Das vorliegende Buch ist einer der vielen Schritte in diese Richtung. Es zeigt, wie ich es geschafft habe, hellsichtig zu werden. Mit der Darstellung meines Weges zur Hellsichtigkeit möchte ich den interessierten Lesern Mut machen, ihre Entwicklung aus ihrer eigenen Kraft zu fördern. Ich möchte ihnen aber auch viele praktische Hinweise geben, was sie für ihre Gesundheit, Zufriedenheit und Ausgeglichenheit konkret tun können.

Mein Buch besteht aus zwei Teilen. Der einführende Teil trägt den Titel »Fünf Pfade meines Lebens«. Darin werden die fünf Grundeinstellungen des Menschen beschrieben, die seine Gesundheit, Zufriedenheit und Ausgeglichenheit fördern. Wer diese Einstellungen hat, wird ein angstfreies Leben bis ins hohe Alter führen können.

Der zweite Teil besteht aus fünf biografischen Kapiteln. Sie zeigen, wie sich die fünf Lebenseinstellungen bei mir entwickelt haben. Darin erzähle ich auch, wie ich den Zugang zur Geistigen Welt** fand und welche Erfahrungen ich dabei machte. Sowohl der Weg dahin als auch meine

---

* Mit Schicksalsereignissen meine ich die Vorfälle, die für das Leben eines Menschen von grundlegender Bedeutung sind. Dazu zählen zum Beispiel Gefahren und Krankheiten, aber auch freudige Anlässe.
** Mit der Geistigen Welt bezeichne ich einen tranceähnlichen Zustand, in dem ich mit der Vergangenheit und der Zukunft kommuniziere.

Erfahrungen können für die Leser von vielfachem Interesse sein. Ich selbst sehe drei Vorteile, die der Leser aus der Lektüre meiner Biografie ziehen kann.

Der erste Vorteil besteht darin, zu erkennen, was man aus seinem Leben machen kann. Ich selbst habe mir niemals träumen lassen, in die Geistige Welt vorzudringen, geschweige denn, mit meinen Erfahrungen anderen helfen zu können. Ich habe praktisch bis zu meinem dreißigsten Lebensjahr gar nicht gewusst, dass es die Geistige Welt überhaupt gibt. Jetzt, nachdem ich es geschafft habe, ist mir aber klar, dass auch jeder andere sein Leben mit etwas gutem Willen grundlegend verändern kann.

Ob die Veränderung den Leser reich oder berühmt machen wird, weiß ich nicht. Ich halte dies auch nicht für besonders wichtig. Viel entscheidender ist es, dass sich ihm völlig neue Perspektiven eröffnen. Dies trifft vor allem auf die Leser zu, die krank sind, unter seelischen Störungen leiden bzw. ihr Leben als stressig, unglücklich oder wenig sinnvoll empfinden.

Diese kranken oder unglücklichen Menschen neigen häufig dazu, den anderen die Verantwortung für ihr Schicksal zu geben. Sie sind oft auch davon überzeugt, dass ihre Probleme durch Medikamente oder Geld behoben werden könnten. Das Buch wird ihnen möglicherweise nicht helfen, alle ihre Krankheiten im schulmedizinischen Sinne zu heilen. Es wird sie aber in die Lage versetzen, trotzdem ein zufriedenes und ausgeglichenes Leben zu führen.

Der zweite Vorteil besteht darin, eine weitere und vielleicht entscheidende Bestätigung dafür zu finden, was im Leben wichtig ist. Im Grunde genommen weiß jeder, dass Materielles allein ihn nicht glücklich macht. Viele Menschen sagen sich in ihren stillen fünf Minuten, dass sie ihr Leben verändern müssten. Anschließend tun sie aber diese Gedanken leichtfertig ab und gehen wieder über zu der bisherigen unglückseligen Tagesordnung.

Ich habe die Erfahrung gemacht, dass viele Menschen ihre berufliche oder private Zukunft an Zielen ausrichten, die sie zwar materiell, aber nicht geistig voranbringen. Das Erstaunliche bei dieser Erfahrung war, dass die meisten dieses wussten und auch für falsch hielten. Trotzdem verfolgten sie dieses Ziel, weil sie Angst vor Misserfolg hatten. Diese Angst ist aber völlig unbegründet. Denn die geistige Beschäftigung wirkt sich in der Regel positiv auf den materiellen Erfolg aus.

Dieses Buch wird den Erfolgreichen nicht in erster Linie zeigen, wie sie ihren Erfolg vermehren könnten. Es wird sie aber lehren, wie man das Leben und damit den Erfolg möglichst lange genießen kann. Indem sich der Leser der Geistigen Welt öffnet, wird er Lust auf neue Erlebnisse und Erkenntnisse bekommen. Vor allem aber wird er Abstand von den Zwängen gewinnen, die seine körperliche und seelische Existenz bedrohen.

Der dritte Vorteil ist schlicht der, Freude an der Lektüre zu haben. Ich glaube, dass mein bisheriges Leben so spannend verlief und dass ich dabei so viel gesehen habe, dass es auch anderen Spaß machen wird, etwas darüber zu erfahren. Vielleicht kann sich der eine oder andere Leser in meinen Erlebnissen wieder finden oder Parallelen zu den eigenen Erfahrungen ziehen. Vielleicht kommt er auf die Idee, so wie ich zu trainieren, und wird dadurch selbst hellsichtig. In diesem Sinne wünsche ich viel Spaß beim Lesen und Trainieren.

Einführung:
Fünf Pfade meines Lebens

Für diejenigen, die das Wort »Aura« zum ersten Mal hören oder nicht an Hellsichtigkeit glauben, mag alles, was ich bisher gesagt habe, ziemlich unwahrscheinlich klingen. Wie kann ich etwas sehen, das über 99 Prozent der Menschen niemals zu sehen bekommen? Ist es nicht eher so, dass ich mir diese Vorstellungen nur einbilde oder sie einfach erfinde, um mich wichtig zu machen? Und wenn ich tatsächlich etwas sehen sollte, wie kann ich daraus Erkenntnisse über die Vergangenheit und Zukunft ableiten?

Noch vor fünf Jahren hätten mich solche Fragen in Verlegenheit gebracht. Heute stehe ich ihnen gelassen gegenüber. Zum einen sind in letzter Zeit fototechnische Möglichkeiten entwickelt worden, die die Auren als farbliche Energiefelder ablichten. Zum anderen lege ich keinen Wert mehr darauf, ob mir jemand meine Hellsichtigkeit im Voraus abnimmt. Denn ich kann jedem demonstrieren, dass ich ihn im wahrsten Sinne des Wortes durchleuchten kann. Da ich meine Hellsichtigkeit praktisch unter Beweis stelle, ist für mich eine Diskussion über das Vorhandensein dieser Fähigkeit unwichtig geworden. Interessant ist für mich

nur die Frage, wie die Geistige Welt, in die ich hinein-
schaue, im Ganzen beschaffen ist.

Leider kann ich diese Frage bis heute nicht ganz zufrieden stellend beantworten. Ich sehe zwar viele Dinge, von
denen die meisten nichts ahnen. Doch ich weiß noch nicht
genau, wie alle diese Dinge zusammenhängen. Das unter-
scheidet mich vielleicht auch von vielen Esoterikern, die
ihre übersinnlichen Erfahrungen mit festen Weltanschau-
ungen verknüpfen. Ich glaube nur das, was ich sehe, und
mache mir nichts aus Spekulationen über den Kosmos
oder die Wiedergeburt. In diesem Sinne bezeichne ich
mich gerne als einen pragmatischen Hellseher.

Der pragmatische Hellseher

Im pragmatischen Sinne ist die Hellsichtigkeit nichts anderes als ein Instrument. Ich vergleiche sie deshalb gerne
mit einem Mikroskop. Bevor das Mikroskop erfunden
wurde, wusste niemand, dass es Bakterien oder Viren gibt,
die Krankheiten verursachen. Erst als man die Mikroorga-
nismen in natura sehen konnte, hat sich das geändert.

Das Aurasehen ist nichts anderes, als setzte man einen
Menschen unter ein überdimensionales Mikroskop. Dafür
ist es erforderlich, durch das Geistige Auge, das so genannte sechste Chakra, zu sehen. Das Chakra befindet sich
mitten auf der Stirn, leicht oberhalb der Brauenpartie. Es
lässt den Hellsichtigen die Energiefelder wahrnehmen, die
man mit bloßem Auge nicht erkennen kann.

Das Chakra ist bei jedem Menschen als Veranlagung
vorhanden. Um damit sehen zu können, muss sie aber gezielt entwickelt werden. Da die wenigsten wissen, dass sie

überhaupt über ein drittes Auge verfügen, lassen sie die Chakren ihr ganzes Leben lang unbeachtet. Denjenigen, die davon Kenntnis bekommen, fehlt es dagegen in der Regel an der inneren Kraft, die Anlage zur Entfaltung zu bringen.

Die entscheidende Voraussetzung, um mit dem Geistigen Auge zu sehen, ist die Fähigkeit, seinen Körper völlig auszuschalten. Nur im Zustand äußerster Konzentration, in dem der Mensch sich nicht mehr spürt, findet er Zugang zu der feinstofflichen (unsichtbaren) Welt. Sich in diesen Zustand zu versetzen, stellt an sich eine Grenzerfahrung dar, mit der sich beispielsweise die Mönche im Tibet lebenslang beschäftigen. Solche Grenzerfahrungen werden häufig auch als Alphazustand bezeichnet.

Die Größe des Chakras und die Verweildauer im Alphazustand sind für die Qualität der Hellsichtigkeit maßgebend. Je größer das Geistige Auge ist und je länger man im Alphazustand verweilen kann, umso mehr bekommt man zu sehen. Ein Hellsichtiger im Anfangsstadium erhascht gerade mal einen kurzen Blick in die Gegenwart der Geistigen Welt. Ein Geübter kann in die Vergangenheit, ein Könner in die Zukunft schauen.

Mein sechstes Chakra hat heute die Größe eines Fünfmarkstücks, und ich kann mich für mehrere Minuten in den Alphazustand versetzen. Dies macht mich zu einem Könner der Materie, obwohl ich die Bedeutung dessen, was ich sehe, nicht immer rational erklären kann.

Übung macht den Meister

Menschen, die ich auramäßig angeschaut hatte und mit denen ich darüber sprach, reagierten zunächst mit großer Verblüffung. Ihre ersten Worte lauteten in der Regel: »unglaublich«, »wahnsinnig«, »unwahrscheinlich«. Sie konnten sich zunächst nicht vorstellen, dass jemand sie so sah, wie sie wirklich im Inneren ihres Herzens waren. Dann wollten sie aber wissen, wie ich zu meiner Hellsichtigkeit gekommen war. Die meisten waren der Überzeugung, dass das Aurasehen eine Eingebung sei, die einigen wenigen Auserwählten in die Wiege gelegt werde.

Ich hatte tatsächlich als Kind einige Schicksalsereignisse vorhergesagt. Doch dies geschah rein spontan und zufällig. Die eigentliche Hellsichtigkeit habe ich erst als Erwachsener und nur durch eifriges Üben erlernt. Dies ist im Prinzip nichts anderes, als wenn man mit 30 Jahren Tennis oder Golf zu spielen beginnt. Nur das intensive Training bringt einen wirklich voran.

Anfangs hatte ich etwa fünf Stunden pro Woche trainiert, ohne dass ich etwas »Unsichtbares« wahrnehmen konnte. Erst nach einem Jahr stellten sich kleine Erfolge ein. Seitdem habe ich mein Training verstärkt und die Hellsichtigkeit Schritt für Schritt weiterentwickelt. Heute investiere ich im Durchschnitt zwei Stunden pro Tag in die Vervollkommnung meiner Fähigkeit.

Ich habe mir in den letzten zehn Jahren mehrere tausend Auren von Menschen und Tieren angeschaut und mit über hundert Personen darüber gesprochen. Aus jedem Gespräch lernte ich etwas Neues dazu. Besonders interessant war dabei zu erleben, dass die Menschen häufig die Wahrheit über sich selbst gar nicht hören wollten. Diese Erkenntnis hat mein Denken stark beeinflusst.

Um einem Menschen zu helfen, ist es notwendig, Dinge anzusprechen, die ihm gar nicht oder nur zum Teil bewusst sind. Ich brauche nur wenige Minuten, um die körperlichen oder seelischen Schwachstellen einer Person zu erkennen. Viel zeitintensiver und schwieriger ist es dagegen, meine Erkenntnisse so zu vermitteln, dass sie ohne Widerstand akzeptiert werden. Dies gilt vor allem, wenn der Betreffende ein Skeptiker* ist und die Wahrheit über sich gar nicht hören will.

Der Widerwille der Skeptiker

Skeptiker sind Menschen, die nur das glauben, was sie selbst sehen und verstehen können. Stoßen sie auf Phänomene, die auf Grund ihrer Logik nicht nachvollziehbar sind, reagieren sie ablehnend. Sie versuchen einerseits nachzuweisen, dass sich die Phänomene »natürlich« erklären lassen. Andererseits stellen sie die Phänomene so lange als pure Erfindung dar, bis das Gegenteil wissenschaftlich bewiesen werden kann. Die Skeptiker verhalten sich wie Menschen, die die Existenz von Bakterien und Viren in Frage stellen, nur weil sie nicht die Möglichkeit haben, durch ein Mikroskop zu sehen.

Nach einer Demonstration meiner Hellsichtigkeit hört sich der im Publikum sitzende Skeptiker in etwa so an: »Alles, was Sie uns über die Person X erzählt haben, lässt

---

* Als Skeptiker bezeichne ich Menschen, die alles in Frage stellen, was sie sich logisch nicht erklären können.

sich auch aus deren Körperhaltung, Mimik, Gestik, Sprachton, Bewegungen und anderen persönlichen Ausdrucksformen ableiten. Darüber hinaus ist die Tatsache, dass Sie die Person X möglicherweise richtig beschrieben haben, noch lange kein Beweis dafür, dass sich daraus irgendwelche wissenschaftlichen Erkenntnisse ergeben.«

Bei seinen Ausführungen fühlt sich ein Skeptiker stark. Die Situation ändert sich jedoch, wenn er selbst die Person X ist, die ich auramäßig und ohne mit ihm vorher gesprochen zu haben, angeschaut habe. Denn der Skeptiker erlebt das Durchleuchten seines Körpers in der Regel als äußerst unbehaglich. Dies gilt umso mehr, je stärker er sein Inneres vor der Umwelt bewusst oder unbewusst zu verstecken versucht.

Angst, Unsicherheit, Depression, Eifersucht, Hass, Neid, Ehrgeiz oder Gier sind innere Zustände und Einstellungen, die den Menschen krank machen können, wenn er sich nicht mit ihnen aktiv auseinander setzt. Er möchte sie aber eher für sich behalten oder verdrängen, weil er sich ihrer schämt. Bei einem Skeptiker ist dieser Verdrängungswunsch besonders stark ausgeprägt, weil solche seelischen Zustände im Widerspruch zu seiner Geisteshaltung stehen. Er fühlt sich verunsichert, wenn die Umwelt davon erfährt. Deshalb versucht er auf jeden Fall, den Zugang zu seinem Inneren für die anderen zu versperren. Dies kann in äußersten Fällen zu schwer wiegenden Gesundheitsproblemen führen.

Die Begegnungen mit Skeptikern haben mir besonders deutlich gemacht, wie stark Widerstände gegen die Preisgabe der eigenen Gedanken und Gefühle sein können. Der Mensch gibt nur das zu, was sein Selbstbild an Erkenntnis zulässt. Deshalb muss er sich erst innerlich öffnen, bevor man ihm Dinge zeigt, die ihm helfen könnten, sein Leben gesünder, zufriedener und ausgeglichener zu gestalten. Hat er dies einmal getan, wird er bald merken, wie einfach es sein kann, ein glückliches Leben zu führen.

Die Philosophie des einfachen Lebens

Wenn ich mit studierten Menschen spreche*, fällt mir oft auf, wie wenig praktischen Nutzen sie von ihrem großen Wissen haben. Sie lassen sich akademisch über Gott und die Welt aus, ohne dass sie dadurch besonders viel in ihrem Leben verändern könnten. Ihr Wissen ist so kompliziert, dass es sie für das einfache Leben anfällig macht.

Da ich während meiner Schulzeit nicht viel lernen konnte, habe ich eine praktische Einstellung zum Wissen entwickelt. Für mich muss das Wissen immer leicht verständlich und anwendbar sein. Wenn ich etwas Neues lerne, will ich davon vor allem einen praktischen Nutzen haben. Aus dieser Einstellung heraus entstand meine Philosophie des einfachen Lebens. Sie besteht aus drei Grundsätzen.

Der erste Grundsatz bezieht sich darauf, wie man ein gesundes, zufriedenes und ausgeglichenes Leben bis ins hohe Alter führen kann. Alles, was ich lerne, soll letztendlich diesem Zweck dienen. Das Lernen und Studieren ist folglich nur dann nützlich, wenn es die Lebensqualität und das Wohlbefinden des Menschen auf längere Sicht steigert. So lautet mein erster Grundsatz: *Erkenne, was dir gut tut.*

Der zweite Grundsatz betrifft das Wissen, wie sich Le-

---

* Ich selbst habe nur eine neunjährige Hauptschulausbildung.

bensqualität und Wohlbefinden auf längere Sicht einstellen können. Es gibt eine Vielzahl von Theorien, die sich mit dieser Frage beschäftigen. Eines zeichnet alle diese Erklärungsversuche aus. Je komplizierter sie sind, umso weniger lebenspraktischen Nutzen bringen sie für den Betreffenden mit sich.

Das Sprichwort, dass der Schuster die schlechtesten Schuhe trägt, bekommt in diesem Zusammenhang eine besondere Bedeutung. Ich maße mir keine Werturteile über akademische Ausbildung an, weil ich selbst keine besitze. Es fällt mir aber auf, dass Akademiker ihr Fachwissen häufig nicht in die eigene Lebenspraxis umsetzen können.

So kenne ich einige Ärzte, die zwar andere hervorragend behandeln, selbst aber nicht gesund leben können. Ich habe auch von vielen Lehrern gehört, die in ihrer Schule beliebt sind, bei der Erziehung ihrer eigenen Kinder aber große Probleme haben. Besonders auffallend ist dieser Unterschied zwischen Theorie und Praxis bei den mir bekannten Psychologen. Ihr Seelenleben ist alles andere als ausgeglichen, obwohl sie sich gerade damit theoretisch am intensivsten beschäftigen.

Die Ursachen für ein gesundes, zufriedenes und ausgeglichenes Leben bis ins hohe Alter sind aus meiner Sicht recht einfach. Im Großen und Ganzen hängt das Wohlbefinden des Menschen mit seinem Energiefeld zusammen. Jeder Mensch fühlt sich unwohl, wenn er zu viel oder zu wenig Energie hat oder in einem falschen energetischen Umfeld lebt. So kommt es im täglichen Leben auf die Energieströme an. Mein zweiter Grundsatz lautet daher: *Suche die innere und äußere Balance der Kräfte.*

Der dritte Grundsatz bezieht sich darauf, wo sich das energetische Gleichgewicht einstellen soll. Um diese Frage zu beantworten, müssen wir drei Sphären unterscheiden, in denen der Mensch existiert.

Die erste Sphäre betrifft sein körperliches Wohlbefinden. Wenn in dieser Sphäre ein energetisches Gleichgewicht herrscht, ist der Mensch ausgeglichen. Die körperliche Ausgeglichenheit lässt sich verhältnismäßig leicht herstellen. Man braucht dafür nur bestimmte Übungen zu machen, die dem Organismus die Energie je nach Bedarf zuführen oder entziehen.

Die zweite Sphäre umfasst die Welt der Gedanken und Gefühle. Wenn in dieser Sphäre die Energieströme Über- oder Unterspannung erzeugen, empfindet der Mensch eine innere Unzufriedenheit. Dieser Zustand der inneren Ausgeglichenheit kann durch gezielte Beeinflussung der geistigen Kräfte behoben werden. Dafür ist es allerdings erforderlich, den Betroffenen auf neue Ideen zu bringen, indem man zum Beispiel seine Neugierde auf die unsichtbare Welt lenkt.

Die dritte Sphäre bezieht sich auf die Lebenssphäre, in der der Mensch mit den fremden Energiefeldern in Interaktionen tritt. Sind die auf ihn einwirkenden Energieströme zu stark oder zu schwach für ihn und bleibt er dieser Umgebung über längere Zeit ausgesetzt, dann führt dies meistens zu Gesundheitsproblemen.

Ich kann die Gesundheitsprobleme eines Menschen zwar nur unter energetischen Gesichtspunkten bewerten. Bei Betroffenen, deren Krankheiten nicht auf genetische, infektiöse oder bakterielle Ursachen zurückzuführen sind, reicht dieses Wissen in der Regel aber aus, um ihnen zu helfen.

Wenn ich über ein zufriedenes, ausgeglichenes und gesundes Leben spreche, meine ich nichts anderes als den richtigen Umgang mit Energieströmen in den drei oben genannten Sphären. Dabei kommt der Gesundheit eine herausragende Bedeutung zu. Sie ist das Maß des Wohlbefindens. Deshalb lautet mein dritter Grundsatz: *Finde in deinem Umfeld gesunde Energiequellen und nutze sie aktiv aus.*

Energie und Gesundheit

Ein einfaches Beispiel für zu viel ungesunde Energie ist, wenn eine Person auf einer Wasserader schläft. Dadurch können nicht nur Schlafstörungen entstehen, sondern sich auch lebensbedrohliche Krankheiten entwickeln. Der erste Schritt zur körperlichen Gesundheit ist es daher, in einer Umgebung ohne äußere energetische Störeinflüsse zu leben. Um dies herauszufinden, macht es Sinn, einen Wünschelrutengänger kommen zu lassen.

Zu wenig Energie kann ihrerseits zu gesundheitlichen Schäden führen. Dies ist vor allem dann der Fall, wenn die energetischen Schwachstellen zu spät erkannt werden. Dieser Gefahr sind vor allem die einzelnen Körperteile und Organe ausgesetzt.

Eine energieschwache Wirbelsäule birgt beispielsweise das Risiko eines plötzlichen Bandscheibenvorfalls. Ein energieschwaches, schlecht durchblutetes Bein kann schwer wiegende Kreislaufprobleme zur Folge haben. Aus der Aura des Menschen lassen sich solche Energieschwächen leicht ersehen. Sind sie vorhanden, muss der Betroffene an den entsprechenden Stellen Energie aufbauen.

Wie einfach das Prinzip des Energieaufbaus ist, zeigt sich an der Praxis des Handauflegens. Bei diesem alten Verfahren handelt es sich um nichts anderes als um einen energetischen Austauschprozess. Dem Betroffenen wird an der Schwachstelle seines Körpers frische Energie zugeführt, die er in der Regel als schmerzlindernd und heilend empfindet.

Natürlich können durch die energetischen Kräfte kaum Infektions- oder genetische Krankheiten behandelt werden. Auch natürliche oder selbst verschuldete Verschleißerscheinungen des Organismus lassen sich ab einer bestimmten Zerfallsstufe damit nicht rückgängig machen. Dies ist jedoch kein Grund, den gezielten Einsatz von Energie als gesundheitsfördernde Maßnahme abzulehnen. Vor allem ist es jedoch kein Argument, die herausragende Bedeutung der Energieströme für die Gesundheit von Mensch und Natur in Frage zu stellen.

Ich bin kein Mediziner und erhebe auch nicht den Anspruch, Krankheiten zu heilen.* Dennoch kann ich durch meine Hellsichtigkeit Menschen helfen, gesünder zu werden. Dies liegt daran, dass Gesundheit nicht das Gegenteil von Krankheit ist. Anders gesagt: Wenn ein Mensch keine Krankheit hat, muss er noch lange nicht gesund sein.

Ich habe viele Personen kennen gelernt, die sich krank fühlten, ohne dass bei ihnen eine Krankheit festgestellt werden konnte. Diese Menschen rannten von einem Arzt zum anderen und hofften, dass man etwas bei ihnen finden würde, was sich mit Medikamenten behandeln ließe. Dabei lag der Fehler in ihrem Energiefeld. Durch ein paar kleine Anregungen konnte ich ihnen helfen, ihren Leidens-

---

* Sehe ich in der Aura eines Menschen gesundheitliche Risiken, empfehle ich ihm, einen entsprechenden Facharzt aufzusuchen. Manchmal werde ich selbst von Ärzten um Rat gebeten. So bin ich in der Lage, Betroffene vor möglichen Erkrankungen und Schicksalsschlägen zu schützen.

druck erheblich zu verringern und häufig sogar ganz zu überwinden.

Die Behebung energiebedingter Gesundheitsprobleme kann allerdings mit großen Herausforderungen für die Betroffenen verbunden sein. Denn sie müssen häufig den Mut aufbringen, ihr Verhalten zu verändern oder sogar ihr berufliches bzw. soziales Umfeld aufzugeben. Dies ist dann der Fall, wenn sich ihre Lebenssphäre mit ihrem Energieumfeld nicht verträgt. Doch auch diese Herausforderungen kann der Betroffene meistern, wenn er genügend Willenskraft entwickelt.

Wenn dem Menschen sein Wohlbefinden wichtig ist, muss er seine Energiekräfte in Balance bringen und eigene Energiequellen aktivieren. So lautet die zentrale Botschaft dieses Buchs. Sie stellt aber keine Aufforderung zur Enthaltsamkeit, Frömmigkeit und Demut dar. Im Gegenteil. Ich werde in diesem Buch zeigen, dass es die ganz einfachen Dinge sind, die für die Gesundheit, Zufriedenheit und Ausgeglichenheit einer Person verantwortlich zeichnen. Jeder kann sein Leben glücklich gestalten. Er braucht dafür nur das Wissen um die Energiekräfte und den Willen, etwas ändern zu wollen.

Der Weg meines Lebens

Das vorliegende Buch erzählt die Geschichte meines Lebens als einen Weg zur Hellsichtigkeit. Dieser Weg besteht aus fünf Abschnitten, die ich als Pfade bezeichne. Auf diesen Pfaden lernte ich, Schritt für Schritt in die Geheimnisse der unsichtbaren Welt der Energien vorzudringen und dabei mein Leben glücklich zu gestalten. Auch wenn ich erst auf dem fünften Pfad die eigentliche Hellsichtigkeit erlangte, waren die vier vorausgegangenen Lebensabschnitte dafür von entscheidender Bedeutung.

Die fünf Pfade, die mich zur Hellsichtigkeit führten, heißen »Die Nähe«, »Der Mut«, »Die Neugierde«, »Das Vertrauen« und »Die Besinnung«. Sie bezeichnen fünf grundlegende Lebenseinstellungen, die aus meiner Sicht für die Herstellung der äußeren und inneren Balance bis ins hohe Alter entscheidend sind. Ein Mensch kann unter den energetischen Gesichtspunkten gut über 100 Jahre alt werden, wenn die fünf Lebenseinstellungen sein Denken und Handeln bestimmen. Ob er auf seinem Lebensweg wie ich hellsichtig wird, spielt für das Glück keine besondere Rolle.

Die Nähe

Mit »Nähe« bezeichne ich die Einstellung, mit der Umwelt und anderen Personen in intensiven Kontakt treten zu können. Diese Eigenschaft entwickelt sich nur in einer Umgebung, in der sich die Energiefelder positiv verstärken. In der Nähe findet ein fruchtbarer Energieaustausch von Gedanken und Gefühlen statt. Nach einem solchen Umfeld sollte der Mensch stets Ausschau halten.

Die Nähe als die Fähigkeit, positive Energie an das Umfeld abzugeben und diese zu empfangen, ist grundlegend für eine körperlich und seelisch gesunde Entwicklung einer Person. Sie entsteht durch Wärme und Geborgenheit, in der gesunde Kinder aufwachsen. Bei Erwachsenen ist die Nähe aus der Ruhe und Aufmerksamkeit abzulesen, die sie ihren Mitmenschen zum Beispiel im Gespräch entgegenbringen.

Personen mit sehr stark ausgeprägter Nähe sind in der Lage, ihr Umfeld positiv aufzuladen. Sie strahlen förmlich Energie aus, wenn sie einen Raum betreten. Diesen Menschen werden häufig charismatische Kräfte nachgesagt. In Wirklichkeit ist ein Charisma aber nichts anderes als ein starkes Energiefeld, das um eine Person aufgebaut ist.

Das Kapitel »Die Nähe zu der Geistigen Welt« beschreibt die ersten sechs Jahre meines Lebens. Aus einigen wenigen Episoden wird dabei deutlich, dass die gesunde Entwicklung eines Kindes nichts mit materiellen Dingen zu tun hat. Eine glückliche Kindheit hängt hauptsächlich mit Energieaustauschprozessen zwischen dem Kind und seinem natürlichen und sozialen Umfeld zusammen. Geld, Geschenke oder Spielzeuge sind dabei ziemlich unwichtig.

Ich habe als Kind weder ein Spielzeug besessen noch Taschengeld gehabt. Stattdessen musste ich mir ein Zimmer mit mehreren meiner Geschwister teilen und am Tisch mit insgesamt dreizehn Verwandten eine Mahlzeit aus einer großen Schüssel einnehmen. Trotz alledem habe ich nur glückliche Erinnerungen an diese Zeit. Ausschlaggebend dafür war die Nähe zur Natur und ein friedvoller Umgang innerhalb der Familie.

In der frühesten Kindheit hatte ich auch den ersten Kontakt mit der Geistigen Welt. Ich werde an dieser Stelle noch nichts darüber erzählen, um dem Leser die Spannung zu erhalten. Hervorheben möchte ich nur, dass diese Geschichte recht unglaublich klingt. Im Nachhinein betrachtet, erwies sie sich als das erste Anzeichen meiner späteren Hellsichtigkeit.

Zuwendung und Freiheit

Bei Personen, die in wohlhabenden Verhältnissen aufgewachsen sind, fällt mir auf, dass viele von ihnen zu wenig Nähe als Kinder erfahren hatten. Das zeigt sich darin, dass sie ihr Energiefeld zu schwach auf ihre natürliche und soziale Umgebung ausrichten. Diese Menschen können häufig nicht genügend Liebe und Zuwendung geben. Es fällt ihnen schwer, sich in andere Menschen hineinzudenken und emotional richtig auf sie einzugehen.

Interessanterweise entwickelte sich die Nähe nur, wenn Menschen in Freiheit aufgewachsen sind. Manche der oben erwähnten Personen erzählten mir, dass sich ihre Eltern durchaus um sie gekümmert hätten. Sie redeten und spielten mit ihnen. Zu Geburtstagen und Weihnachten gab es schöne Geschenke. Sie bekamen also reichliche Zuwendung. Warum haben sie dann Probleme, positive Energie an ihre Mitmenschen abzugeben?

Die Gründe liegen in den fehlenden Freiräumen. Im Kindesalter bedeutet Freiheit, dass man die Welt auch ohne Anweisungen durch Erwachsene wahrnehmen und erforschen kann. Ein Kind möchte trotz aller Abhängigkeit frei sein. Viele besorgte Eltern, die sich dem Kind ständig zuwenden, sind sich oft gar nicht darüber im Klaren, wie stark sie es in seiner Freiheit einschränken und damit seine Energie hemmen.

Ich saß einmal mit einer jungen Frau in deren Wohnung zusammen. Ihr zweieinhalbjähriger Sohn befand sich mit uns im Raum und spielte zunächst friedlich in einer Ecke. Obwohl die Mutter mit mir sprach, beschäftigte sie sich gedanklich nur mit ihrem Kind. Sie kommentierte sein Verhalten immer wieder mit lobenden oder mahnenden Bemerkungen. Als sich der kleine Junge durch diese Kommentare so gestört fühlte, dass er die Lust am Spielen verlor und zu uns an den Tisch kam, sagte die Mutter, die gerade mitten im Erzählen war, er möchte uns bitte in Ruhe lassen. Das Kind war ab diesem Zeitpunkt innerlich enttäuscht (seine Aura hat sich entsprechend verändert). Da er nicht wusste, was er mit seiner Energie anfangen sollte, fing er an, Blödsinn zu machen. Er rannte durch den Raum, stolperte, stieß sich den Kopf an und begann zu weinen.

Diese Begegnung macht deutlich, wie wichtig es ist, dass die Eltern ihrem Kind dann die Zuwendung geben, wenn es sie braucht, es aber ansonsten in Ruhe lassen. Versuchen sie zu stark das Verhalten des Kindes zu lenken, nehmen sie ihm die Freiheit, selbst herauszufinden, was gut und nicht gut für sein Wohlbefinden ist. Damit machen sie das Kind orientierungslos, obwohl sie gerade das Gegenteil beabsichtigen.

Ich hatte als Kind notgedrungen große Freiräume, weil meine Eltern kaum Zeit hatten, sich besonders um mich zu kümmern. Sie waren einfach für mich da, ohne meinem Treiben in der Stube oder auf dem Hof große Beachtung zu schenken. So habe ich gelernt, einerseits auf mich selbst aufzupassen und andererseits die Freiheit anderer Menschen zu achten. Aus dieser Einstellung heraus ist es mir bis heute möglich, recht schnell emotionalen Kontakt auch zu mir noch fremden Personen herzustellen und ihnen bei der Suche nach fehlender Nähe zu helfen.

Festhalten und Loslassen

Viele Menschen fühlen sich matt und kraftlos, weil ihnen das richtige Energieumfeld fehlt. Da sie aber nicht wissen, was sie stark macht, sind sie in ihrer Suche orientierungslos. Ich kann durch das Aurasehen sofort erkennen, in welcher natürlichen Umgebung die jeweilige Person neue Energie schöpfen wird. Wenn der Betroffene dies auch weiß, kann er sich selbst leicht helfen.

Jeder Mensch hat bestimmte Formen, Farben und Gestalten, die ihn energetisch aufladen und die sinnbildlich in einer bestimmten Landschaft zum Ausdruck kommen. Bei einer Bekannten von mir waren das die kalkweißen Häuser und das blaue sich um eine Steilküste schlingende Meer der griechischen Inselwelt. Da sie nichts von dieser geheimen Landschaftsliebe wusste und noch nie in dem Land gewesen war, konnte sie sich auch nicht selbst helfen. Ich empfahl ihr, sich einen Bildband über Griechenland zu kaufen und regelmäßig darin zu blättern. Sie folgte diesem Rat und erzählte mir, dass sich ihre Stimmung dadurch schlagartig verbesserte. So einfach kann manchmal ein Hinweis sein, um das Wohlbefinden einer Person zu stärken.

In der Regel reichen die einfachen Tipps aber nicht aus, um Menschen die fehlende Nähe zu ersetzen. Dies liegt häufig daran, dass der Betroffene nicht bereit ist, seine Einstellungen zu ändern. Er hält an Gedanken und Gefühlen fest, die er mehr oder weniger zufällig in seinem Leben erworben hat.

In solchen Situationen kann ich den Betroffenen nur darauf aufmerksam machen, wo seine Probleme liegen. Die notwendigen Veränderungen muss er dann selbst in Angriff nehmen. Dies setzt wiederum voraus, dass er den Mut aufbringt, loszulassen und sich neuen Erfahrungen zu öffnen.

Der Mut

Der Mut ist eine Einstellung, die den Menschen befähigt, über seine vermeintlichen Grenzen hinauszugehen. Jede Grenzerfahrung hängt mit der Bereitschaft zusammen, sich aus bestehenden Zwängen, Geboten und Verboten zu befreien. Im Hinblick auf die Lebensbewältigung besteht Mut darin, sich von den Ängsten der Kindheit frei zu machen und die Furcht vor der Zukunft zu verlieren. Denn nur, wenn man sich mit seiner Vergangenheit und Zukunft offen auseinander setzt, wird man ein zufriedenes und ausgeglichenes Leben führen können.

Energetisch gesehen besteht Mut in der Fähigkeit, seine Bedenken und Empfindungen auszuschalten und die innere Energie frei fließen zu lassen. Man kann dies auch als eine Art Konzentrationsfähigkeit bezeichnen. Wenn ich alle meine Energie auf ein Ziel lenke, werde ich dieses Ziel in der Regel erreichen. Dies setzt allerdings voraus, dass ich den Mut dazu habe.

Die meisten Kinder bringen Mut als eine Veranlagung mit auf die Welt. Sie sind forsch, aufgeschlossen, möchten vieles ausprobieren und lassen sich bei ihren Spielen von äußeren Einflüssen nicht stören. Ob aus ihnen angstfreie Menschen werden, die ihr Leben voll im Griff haben, hängt davon ab, ob sie ungestört Mutproben machen durften.

Das zweite Kapitel des Buchs ist der Zeit von 1965 bis

1976 gewidmet, in der ich mir meinen Mut angeeignet habe. Wichtig waren dabei sowohl die Erfahrungen des Gelingens als auch die des Scheiterns. Misslungene Mutproben tragen genauso zur Persönlichkeitsentwicklung bei wie Erfolgserlebnisse. Sie zeigen einem Jugendlichen seine Grenzen und machen ihm damit deutlich, was er tun muss, um sie zu überwinden.

Ich musste zwischen meinen 7. und 17. Lebensjahr lauter Mutproben bestehen. Bereits der vier Kilometer lange Schulweg durch die Dunkelheit der rauen Berglandschaft, den ich jeden Morgen zu Fuß bewältigen musste, war mit einer großen Angstüberwindung verbunden. Auch die Auseinandersetzungen mit den Dorfautoritäten, dem Pfarrer und dem Lehrer, sowie später die ersten beruflichen Versuche stellten große Herausforderungen an meinen Mut dar. Alle diese Mutproben haben mich gelehrt, wie ich meine Furcht durch Konzentration überwinden kann. Ohne diese Konzentrationsleistungen wäre es mir niemals gelungen, den Zugang in die Geistige Welt zu finden.

Die konzentrierte Energie

Als es mir das erste Mal gelang, mich in den Alphazustand zu versetzen, bekam ich richtig Angst. Ich konnte plötzlich meinen Körper nicht mehr spüren. Bei diesem Erlebnis ist mir klar geworden, wie eng die Konzentrationsfähigkeit mit dem Mut zum Ausschalten seiner Empfindungen zusammenhängt. Von dieser Erkenntnis konnte ich vor allem profitieren, als ich Sportmasseur war und die Aktiven auch mental aufbauen sollte.

Im Beruf wie im Sport spielt die Konzentrationsfähigkeit eine entscheidende Rolle. Der Erfolg beim Fußball, Tennis oder Golfen ist maßgeblich von mentalen Faktoren abhängig. Obwohl dies heute eine Binsenwahrheit ist und jeder Leistungssportler meistens mentales Training betreibt, machen sich dennoch gewaltige Unterschiede in der Konzentrationsfähigkeit der einzelnen Athleten bemerkbar. Als Sportmasseur konnte ich beobachten, woher diese Unterschiede kommen.

Der Grund für die Unterschiede in der mentalen Stärke liegt darin, dass sich Mut als eine Grundeinstellung bei den Einzelnen sehr unterschiedlich entwickelt. Menschen, denen in ihrer Kindheit viel Furcht eingeflößt wurde, haben häufig Probleme, sich in den entscheidenden Momenten zu konzentrieren. Wird der Leistungsdruck für sie zu hoch, bricht ihre Angst durch und hemmt den inneren Energiefluss. Dagegen können sie sich nur schützen, wenn sie ihre tief verwurzelten Ängste tatsächlich überwinden.

Auch bei der Gesundheit kommt der Überwindung der Angst eine entscheidende Bedeutung zu. Denn häufig liegen die Ursachen für seelische Störungen in festgefahrenen oder ritualisierten Lebensformen, die man nicht aufzubrechen wagt. Dies gilt insbesondere für Beziehungsprobleme. Ohne den Mut zur Veränderung bleibt der Mensch in seiner krankmachenden Umgebung stecken.

Ich bin kein Psychologe, der das Innenleben des Menschen studiert hat. Dennoch kann ich durch die Hellsichtigkeit feststellen, ob eine Person angstfrei in Stresssituationen handeln kann. Ist das nicht der Fall, muss sie sich aus dieser seelischen Unterdrückung befreien. Dafür muss sie erst lernen, frei zu denken.

Menschen, die ohne Mut sind, kann ich an deren Aura

leicht erkennen. Es handelt sich dabei um willensschwache Personen, die Angst vor Veränderungen haben. Sie denken bei Veränderungen stets an Risiken und Gefahren und sehen nicht die Chancen, die daraus entstehen können. Deshalb fällt es ihnen schwer, Entscheidungen zu treffen.

Willensschwache Menschen sind in der Regel als Kinder geängstigt worden. Für sie ist es besonders schwer, ihren fehlenden Mut nachzuholen. Häufig verfolgen sie dabei eine falsche Taktik. Sie verdrängen ihre Ängste, anstatt sie zu überwinden. Dabei sind oft Alkohol oder auch Drogen im Spiel.

Überwinden statt Verdrängen

Sich Mut anzutrinken stellt eine beliebte Verdrängungsmethode dar. Der Alkohol, wie alle anderen Drogen, hat die Kraft, innere Hemmschwellen kurzfristig auszuschalten. Die innere Energie kann in dieser Zeit ziemlich ungestört fließen, was von den Betroffenen als eine Art Befreiung erlebt wird. Das Gefühl der Freiheit ist aber nur vorübergehend. Werden die Betroffenen wieder nüchtern, stellen sie in der Regel fest, dass ihre Ängste nur noch größer geworden sind.

Eine andere Verdrängungstaktik besteht darin, sich stark zu reden, ohne die eigenen Ängste wirklich zu überwinden. Dies lässt sich bei Menschen feststellen, die immer eine Lösung für ihre Probleme auf der Zunge haben, in Wirklichkeit aber nichts ändern können. Sie konzentrieren ihre Energie auf das Sprechen, anstatt zu handeln. Diese Verhaltensweise ist aber insofern verständlich, als ihnen der Mut zur Veränderung grundsätzlich fehlt.

Es ist für mich interessant zu beobachten, wie sich manche Menschen im Gespräch als kleine Helden aufspielen, in Wirklichkeit aber voller Angst sind. Durch meine Tätigkeit beim Sicherheitsdienst erlebe ich häufig solche Personen. Mein Chef, dem meine Hellsichtigkeit bekannt ist, hat sich mittlerweile angewöhnt, mich bei Neueinstellungen zu befragen. Ich führe dann mit dem Bewerber ein kurzes Interview, konzentriere mich aber in Wirklichkeit auf seine Aura. Der entscheidende Aspekt dabei ist, ob der Bewerber über genügend Mut verfügt, um in den Stresssituationen, die der Security-Dienst mit sich bringt, schnell und zielsicher zu handeln. Ist sein Angstpegel zu hoch, können wir ihn als Mitarbeiter nicht gebrauchen.

Die Überwindung der inneren Ängste hat eine zentrale Bedeutung in der Persönlichkeitsentwicklung. Denn ohne Mut kann es kaum gelingen, den Zugang zu neuen Einsichten zu finden, die den Menschen zufriedener und ausgeglichener machen können. Der Mut ist auch eine Grundvoraussetzung für den Zugang zu der Geistigen Welt. Eine andere ist die Neugierde, sich auf neue Erfahrungen als Lernender einzulassen.

Die Neugierde

Mit der Neugierde meine ich die Einstellung, auf unsichtbare Kräfte aufmerksam zu werden und daraus zu lernen. Besteht der Mut darin, die innere Energie zu konzentrieren, so entstehen aus der Neugierde neue Energien, die das Denken und Handeln beflügeln. Die Neugierde stellt damit eine eigene Quelle dar, die den Menschen mit geistiger Kraft versorgt.

Menschen ohne Neugierde kommen nie über ihre fest verankerte Erfahrungswelt hinaus. Sie haben auch keinen Antrieb, etwas wirklich Neues zu erleben. Um das zu ändern, müssen sie erst in Kontakt mit Personen kommen, die ihnen den Zugang zu einer neuen Sphäre eröffnen können. Schon unter diesen Gesichtspunkten ist es für sie interessant, mit einem Hellsichtigen Kontakt aufzunehmen.

Das dritte Kapitel des Buches beschreibt die Zeit von 1976 bis 1986, in der ich auf die unsichtbaren Kräfte der Natur neugierig geworden bin. Diese Neugierde wurde durch den Onkel eines Freundes geweckt, der als Wünschelrutengänger unterwegs war. Als ich ihn zum ersten Mal beim Wünschelrutengehen beobachtete, hatte ich zunächst meine Zweifel. Dann wollte ich aber diese Kunst auch erlernen. Daraus ist ein starker Antrieb geworden, der bis heute nicht nachgelassen hat.

Trotz mancher Enttäuschungen und Rückschläge, die im Nachhinein recht viele komische Seiten haben, ist es mir gelungen, zu einer bescheidenen Könnerschaft auf dem Gebiet der Radiästhesie* zu gelangen. Die Geschichten darüber werden dem Leser zeigen, wie lustig die Begegnungen mit den unsichtbaren Energien sein können.

Ich kann heute mit Leichtigkeit Wasser unter der Erdoberfläche bis in große Tiefen entdecken. Die ganze Prozedur dauert nur wenige Minuten. Ich kann auch die Auswirkungen von Wasseradern auf die Befindlichkeit von Mensch und Natur erkennen und daraus individuelle Empfehlungen für die Gestaltung von Lebensräumen und Schlafplätzen ableiten. All das verdanke ich dem glückli-

---

* Radiästhesie ist die Kunst, mit der Wünschelrute umzugehen.

chen Umstand, dass jemand meine Neugierde auf unsichtbare Energie geweckt hat.

Geist und Genuss

Die Neugierde ist die Lebenseinstellung, die das geistige Interesse vorantreibt. Ist jemand auf die unsichtbare Welt neugierig geworden, wird sein Wissensdurst geweckt, und er fängt mit dem Lernen und Trainieren an. Auf diesem Weg kann er wie ich bis zur Hellsichtigkeit gelangen. Voraussetzung ist nur, dass seine Neugierde immer wieder entfacht wird.

Um ein gesundes, zufriedenes und ausgeglichenes Leben bis ins hohe Alter zu führen, ist es allerdings nicht wichtig, hellsichtig zu werden. Es kommt vielmehr auf die Neugierde selbst an. Solange der Mensch seinem Lerntrieb folgt, wird er Freude am Leben haben. Worauf sich der Lernbetrieb richtet, ist dagegen von untergeordneter Bedeutung.

Jeder soll sich einen Erfahrungs- oder Fachbereich aussuchen, der seine Neugierde anspricht. Fehlten ihm dafür das Wissen oder die Phantasie, soll er mit Menschen in Kontakt treten, die ihn auf neue Gedanken bringen. Hat er eine entsprechende Anregung bekommen, muss er bei der Sache bleiben. An dieser Herausforderung kann man allerdings leicht scheitern.

Die Neugierde ist wie ein Samen, den man einpflanzt, um später die Früchte zu ernten. Sie muss vor allem am Anfang der Beschäftigung mit einer neuen Materie immer wieder entfacht werden, damit die Saat aufgeht. Einige, die auf die unsichtbaren Kräfte der Natur aufmerksam geworden sind, verlieren zu schnell das Interesse daran, weil sie nicht den Willen aufbringen, beharrlich zu trainieren. Damit verwirken sie die Chance, sich von der materiellen Welt unabhängig zu machen.

Aus der befriedigten Neugierde entsteht der intellektuelle Genuss, den man als innere Zufriedenheit empfindet. Fehlt dieser Genuss, wird der Mensch in der Regel lustlos. Dann steigt sein Verlangen nach Ablenkung, das wiederum seiner geistigen Entwicklung im Wege steht.

Viele Menschen, bei denen die Neugierde unterentwickelt ist, haben ein gestörtes Verhältnis zum intellektuellen Genuss. Sie ordnen ihr Denken und Handeln den materiellen Werten unter, indem sie alle ihre Kräfte aufs Geldverdienen konzentrieren. Ich habe einen vierzigjährigen Manager gesehen, dessen Körper und Psyche so verbraucht waren, dass er sich zur Ruhe hätte setzen müssen. Als ich ihn danach fragte, warum er sich so aufriebe, sagte er: »Um später sorgenfrei leben zu können.« Es war ihm gar nicht klar, wie stark er sich selbst damit täuschte.

Der Verzicht auf den intellektuellen Genuss wirkt auf lange Sicht gesundheitsschädlich. Personen, die in ihrem Leben nicht gelernt haben, Freude an geistiger Beschäftigung zu entwickeln, werden als Rentner nicht glücklich. Haben sie ihr ganzes Leben dem Beruf gewidmet, stehen sie nach der Pensionierung plötzlich ohne einen Lebenssinn da. Manche von ihnen bekommen scheinbar aus heiterem Himmel eine Krankheit oder fallen sogar tot um.

Das Schlimmste für die Gesundheit ist die Kombination aus Überarbeitung und exzessivem Genussmittelkonsum. In diesem Teufelskreis stecken diejenigen, die sich so viel Arbeit aufhalsen, dass sie dadurch ihr Privatleben vernachlässigen. Den Genussmangel im Beruf versuchen sie dann, durch kurzfristige Rauscherlebnisse in der knapp bemessenen Freizeit zu kompensieren. Das Ergebnis ist gerade das Gegenteil. Anstatt sich zu erholen, wird der Organismus doppelt und dreifach belastet.

Für die Arbeitssüchtigen gilt es, das Genießen neu zu erlernen. Der Genuss darf dabei nicht einseitig materiell betrachtet werden. Um gesund alt zu werden, braucht der Mensch vor allem den geistigen Genuss. Dieser entsteht aber nur aus der Neugierde auf neue Erkenntnisse und Erfahrungen.

Das Vertrauen

Als Vertrauen bezeichne ich die Einstellung, auf Menschen zu hören, um von ihnen lernen zu wollen. Das Vertrauen ist damit eine aktive Fähigkeit, mein Interesse entsprechend den Anweisungen eines anderen zu lenken. Ich vertraue mich einer Person an, um ein neues Ziel zu erreichen. In diesem Sinne werden die Schulkinder ihren Lehrern und die Sportler ihren Trainern anvertraut.

Ich kann einem Menschen nur dann helfen, wenn er mir Vertrauen entgegenbringt. Dies ist auch meistens der Fall. Da ich selbst über ein sehr starkes Energiefeld verfüge, wird meine Anwesenheit von den anderen in der Regel als vertrauenswürdig empfunden. So bestehen von Anfang an gute Voraussetzungen, dass die Betroffenen auf meine Ratschläge hören.

Personen ohne Vertrauen sind für mich durch ihre Aura leicht zu erkennen. Sie bauen eine Energiemauer um sich herum und zeigen Widerstände gegenüber Andersdenkenden. Solche Menschen soll man am besten in Ruhe lassen. Erst wenn sie selbst auf die Idee kommen, dass sie es allein nicht schaffen, kann man ihnen helfen.

Ein wichtiges Merkmal des Vertrauens liegt darin, dass man sich freiwillig jemandem anvertraut. Ohne Freiwilligkeit verliert der Begriff Vertrauen seinen Sinn. Wenn ich jemandem nicht zutraue, dass er mir helfen kann, werde ich auch kein Vertrauen in ihn setzen. Warum soll ich aber zu jemandem Vertrauen haben, den ich noch nicht kenne?

Unsere Gesellschaft setzt Vertrauen mit Autorität gleich. Bei Glaubensfragen sollen wir der Kirche, bei Gesundheitsproblemen den Ärzten, bei Geldangelegenheiten einer Bank vertrauen. Alle anderen, die nicht über die institutionelle Autorität verfügen, werden grundsätzlich als nicht vertrauenswürdig dargestellt.

Hätte ich mein Vertrauen in eine institutionelle Autorität gesetzt, wäre ich niemals hellsichtig geworden. Denn meine Lehrerin, die mir diese Fähigkeit beibrachte, war ein elfjähriges Mädchen namens Alexandra*, dem ich zufällig bei einer Einladung zum Kaffeetrinken begegnete. Alexandra war von Geburt an hellsichtig. Da die Hellsichtigkeit für sie normal war, konnte sie sehr frei mit mir darüber reden. So haben wir häufig miteinander interessante Gespräche geführt. Über das Vertrauensverhältnis, das aus diesen Begegnungen entstand, und die Lernentwicklung, die ich dabei machte, berichtet das 4. Kapitel. Es umfasst die Zeit von 1987 bis 1992.

* Das Mädchen ist heute über 20 Jahre alt.

Autorität und Wissen

Die falsch verstandene Autorität einer etablierten Lehre steht häufig der Weiterentwicklung einer Person im Weg. Dies trifft vor allem auf die Religionen zu. Sie können Trost und Kraft spenden, wenn sich jemand einsam oder ängstlich fühlt. Sie können aber genauso gut die geistige Entwicklung behindern, wenn sie offensichtliche Erkenntnisse durch Dogmen verdunkeln.

Um sich weiterzuentwickeln, muss man in erster Linie begreifen, dass das Sein eine unerschöpfliche Wissensquelle darstellt, die die Weisheiten der Bibel oder des Korans um das Zigfache übersteigt. Der Glaube an Gott darf nicht mit der Autorität der Kirche gleichgesetzt werden. Der Mensch kann sich Gott anvertrauen, ohne dass er Messen besucht, betet oder eine Beichte ablegt. Das ganze Gebiet ist allumfassend. Es kommt deshalb auf den richtigen Lehrer und nicht auf eine bestimmte Lehre an. Wenn jemand den Weg zu Gott sucht, findet er ihn in der biblischen Geschichte genauso wie in der Natur selbst. Auch die Naturvölker fanden die Nähe zur Schöpfung auf ihre Art. Die Wahrheit ist für jeden greifbar, der sich der Welt öffnet. Er muss nur das Vertrauen zu Menschen haben, die ihm den Weg zeigen können.

Aus dem Vertrauen in andere Personen entwickelt sich mit der Zeit das Selbstvertrauen, das den Menschen in seiner Entwicklung voranbringt. Das Selbstvertrauen äußert sich darin, dass man auf seine innere Stimme hört. Mein Weg zur Hellsichtigkeit war von vielen solchen Stimmen begleitet. Was sie mir dabei über die Geistige Welt verrieten, wird ebenfalls im vierten Kapitel beschrieben.

Die Besinnung

Unter »Besinnung« verstehe ich, das Leben in Freiheit und Freude zu leben, ohne Sorgen und Ängste. Die Phase der Besinnung beginnt mit der Entdeckung des Lebenssinns, der über das elementare Leben des Menschen hinausgeht. Bei mir setzte diese Phase ab 1993 ein. Denn in diesem Jahr stellte sich bei mir langsam die Erkenntnis ein, dass ich meine geistigen Fähigkeiten in den Dienst anderer Menschen stellen sollte.

Die Beschäftigung mit dem Sinn meines Lebens war für mich mit der fortschreitenden Entwicklung meiner Hellsichtigkeit verbunden. Ich hatte aber auch ein Problem. Ich konnte vieles sehen und war dennoch nicht in der Lage, dies den Betroffenen zu vermitteln. Seitdem ist mir klar, dass eine Fähigkeit wenig wert ist, wenn man sie nicht praktisch zum Wohle anderer Menschen einsetzen kann.

Jede Art von Tätigkeit, die mit Menschen zu tun hat, muss die Bedürfnisse der Betreffenden befriedigen. Die Fähigkeit eines Verkäufers wird nicht an seiner Kenntnis der Ware, sondern an der Anzahl der zufriedenen Käufer gemessen. Gleiches gilt für Architekten, Rechtsanwälte oder Ärzte. Ihr Fachwissen ist nur so viel wert, wie sie damit ihren Klienten oder Patienten helfen können. Bei einem Hellsichtigen ist es nicht anders.

Das 5. Kapitel erzählt ausführlicher über meine Kontakte mit der Geistigen Welt und den Problemen, die ich dabei mit meinen Mitmenschen hatte. Dieser Abschnitt meiner Lebensgeschichte ist insofern nicht abgeschlossen, als ich weiterhin einen normalen Beruf ausübe, um meinen Lebensunterhalt zu bestreiten. Vielleicht wird es mir aber irgendwann gelingen, meine Berufung voll zu meinem Beruf zu machen.

Leben und Tod

Der Lebenssinn ist die Energiequelle, die einem Betroffenen dazu verhilft, sein Schicksal zu ertragen. Nur durch die Besinnung bleibt der Kranke oder gesundheitlich Angeschlagene am Leben interessiert. Fällt der Sinn des Lebens weg, mag der Körper in der Regel auch nicht mehr lange funktionieren.

Ich hatte häufig mit Menschen zu tun, die bald darauf sterben mussten. Ihren Tod konnte ich zwar leicht prophezeien, in der Regel aber nicht hinauszögern. Dennoch war ich in der Lage, ihnen zu helfen. Indem ich ihnen zeigte, dass mit dem physischen Ende nicht alles vorbei war, fühlten sie sich frei, ohne Angst in die andere Sphäre hinüberzutreten.

Das Finden des Lebenssinns ist die höchste Stufe der geistigen Entwicklung. Es stellt auch die Grundvoraussetzung dafür dar, dass der Mensch gesund, zufrieden und ausgeglichen bis ins hohe Alter leben kann. Dies muss allerdings erfolgen, bevor es zu spät ist. Denn trotz der Geistigen Welt gehorcht unser Körper den Gesetzen der Materie und kann sich von den angerichteten Gesundheitsschäden ab einem bestimmten Stadium der Desfunktionalität nicht mehr erholen.

Jeder Mensch muss seinen eigenen Lebenssinn finden. Ich kann ihm nur insofern dabei helfen, als ich ihm die Zweifel nehmen und ihm die Kraft geben kann, beharrlich zu suchen. Er muss sich aber für die neuen Erkenntnisse öffnen. Dies setzt voraus, dass er mit der Endlichkeit seines irdischen Lebens ins Reine kommt.

Meine Begegnungen mit Alexandra haben mir den Zusammenhang zwischen Sehen und Sterben deutlich gemacht. Meine Hellsichtigkeit hat sich in dem Maße entwickelt, in dem ich die Angst vor der fortschreitenden Zeit verlor. Eingeleitet wurde dieser Prozess durch eine ungewohnte Aufforderung des Mädchens. Es sagte: »Um das Sehen zu lernen, musst du dich mit deinem eigenen Tod beschäftigen.«

Mir blieb nach dieser Aussage wortwörtlich die Luft weg. Als ich wieder zu mir kam, wusste ich, dass ich dem Ratschlag von Alexandra folgen würde. Sie lehrte mich tatsächlich, in andere Dimensionen zu schauen. Damit begann für mich ein neuer Lebensabschnitt als Hellsichtiger.

Die innere Stimme

Ein Hellsichtiger lebt eigentlich in zwei Welten. Die erste ist die Welt der Materie, die wir gerne auch als die Realität bezeichnen. In dieser Welt sehe und höre ich nur das, was sich rational verstehen lässt. Es kommen darin allerdings auch Phänomene vor, für die unsere Naturwissenschaft keine genauen Erklärungen hat.

Die andere ist die Geistige Welt, in der sich die Seele des Menschen aufhält. Als Hellsichtiger tauche ich sehr häufig in diese Welt hinein. In diesem Zustand der Versenkung kann ich erkennen, wie es um andere Personen, um ihre Vergangenheit und häufig auch um ihre Zukunft bestellt ist. Darin empfange ich aber auch Hinweise, wie ich mein Leben zu gestalten habe.

Jeder kann den Zugang zu der Geistigen Welt finden, wenn es ihm gelingt, seine Seele von den Ängsten und Sorgen der materiellen Welt zu befreien. Dadurch kann er auch eine ungeheure Lebensfreude genießen. Die Voraussetzung hierfür liegt aus meiner Sicht in den vier Grundeinstellungen, die ich als Nähe, Mut, Neugierde und Vertrauen bezeichne. Doch sie alleine reichen noch nicht aus, um ein gesundes, zufriedenes und ausgeglichenes Leben bis ins hohe Alter zu führen. Entscheidend ist, dass die geistige Freiheit im Leben wichtiger wird als die materiellen Dinge.

Der Mensch kann über seine Seele mit der Geistigen Welt kommunizieren und auf deren Ratschläge hören. Bei mir ist es die innere Stimme, die mir in den entscheidenden Augenblicken den Weg in die Zukunft weist. Ich bin aber fest davon überzeugt, dass ich dabei keine Ausnahme bin und dass jede Person eine innere Stimme hat. Das Problem ist nur, dass sie diese Stimme nicht wahrnimmt, nicht wahrnehmen will oder nicht darauf hört.

Die Besinnung auf ein freies Leben beginnt dann, wenn man seiner inneren Stimme folgt. Was sie einem sagt, ist individuell unterschiedlich. Mir sagte die innere Stimme zum Beispiel, dass ich dieses Buch schreiben sollte. Jetzt bin ich damit fertig und hoffe, dass die Entscheidung richtig war.

Die Nähe zu der Geistigen Welt
(1957–1964)

Ich wurde am 23. November 1957 in Außervillgraten geboren. Genauer gesagt, fand die Geburt auf dem Bauernhof meiner Eltern, etwa vier Kilometer vom Ortskern entfernt, statt. Außervillgraten liegt in Osttirol nahe der österreichisch-italienischen Grenze. Es ist eine Streusiedlung mit rund 920 Einwohnern, die Bauernhöfe im Umkreis von etwa fünf Kilometern umfasst.

Unser Bauernhof wurde von meinem Urgroßvater 1887 erbaut. Der Hof liegt einsam auf halber Höhe eines Gebirgshanges. Der nächste Hof ist etwa fünfhundert Meter Luftlinie entfernt. Zu Fuß braucht man etwa 10 Minuten, um dahin zu kommen.

Von den Südwestfenstern unseres Bauernhofs aus hat man einen herrlichen Blick ins Tal. Der Fußweg dahin ist allerdings sehr beschwerlich. Nur ein schmaler Schotterpfad verbindet den Hof mit der Kreisstraße, die zum Ortskern führt. In anderer Richtung verläuft die Straße entlang des Tals und endet nach etwa zehn Kilometern an einem Berg.

Meine Geburt war ziemlich problemlos. Die Dorfhebamme war zwei Tage zuvor ins Haus gekommen und blieb bis nach meiner Geburt. Der Feuerwehrhauptmann hatte sie mit seinem Jeep zu uns gebracht. Der Jeep war damals das einzige Auto im ganzen Dorf.

Die Hebamme hatte mich in der kleinen Schlafstube unseres Hauses entbunden. Insgesamt gab es auf dem Bauernhof drei Wohnräume. Dazu gehörten neben der kleinen Schlafstube auch die Essküche und die große Schlafstube. Letztere diente auch als eine Art Wohnzimmer, in dem sich die Familie nach dem Essen aufhielt.

Die Familie, die damals den Hof bewohnte, umfasste neun Personen. Neben meinen Eltern lebten die Oma, drei Brüder meines Vaters sowie meine drei älteren Geschwister im Haus. In den folgenden Jahren bekam ich noch fünf weitere Geschwister. Insgesamt waren wir neun Kinder, die auf dem Bauernhof aufwuchsen.

Eine große Familie war auf den Bauernhöfen in Osttirol eine Selbstverständlichkeit. Das betraf sowohl die Anzahl der Personen als auch die Breite der Verwandtschaft. Nicht nur Großeltern, sondern auch Onkel und Tanten, die nicht geheiratet hatten, blieben ihr Leben lang im Haus wohnen. So kam es, dass auf unserem Hof zeitweise bis zu fünfzehn Menschen zusammenlebten.

Mein Vater wurde 1927 in derselben Schlafstube wie ich geboren. Er war der Älteste von sechs Geschwistern und hatte deshalb den Hof übernommen. Seine zwei Schwestern waren bei meiner Geburt bereits verheiratet und damit außer Haus.

Die drei Onkel, die bei uns wohnten, befanden sich im heiratsfähigen Alter. Deshalb hofften meine Eltern insgeheim, dass sie bald eine auswärtige Arbeit finden würden, um auszuziehen. Doch die Hoffnung war kein Kalkül. Unabhängig davon, wie viele Personen im Haus lebten, kamen meine Geschwister in regelmäßigen Abständen von etwa zwei Jahren auf die Welt.

Wenn etwa ein Dutzend Menschen auf nicht mehr als achtzig Quadratmeter Wohnfläche zusammenleben, scheint drangvolle Enge zu herrschen. Für die meisten Leser, die als Kinder ihr eigenes Zimmer hatten, ist sie wahrscheinlich auch unvorstellbar. Doch man darf die eigenen Vorstellungen nicht zum Maßstab der Bewertung fremder Lebensverhältnisse machen. Denn das Zusammenleben auf dem Bauernhof gewährte vor allem uns Kindern große Freiräume, um die uns manch ein Städter beneiden könnte.

Die Freiheit, die wir als Kinder genossen, lag einerseits darin, dass zum Hof Stallungen und Schober gehörten, in denen es sich herrlich spielen ließ. Andererseits hatte sich durch die räumliche Enge eine besondere Form des Miteinanders entwickelt, von der auch wir Kinder profitierten.

Das Miteinander der Erwachsenen war durch gegenseitige Achtung geprägt. Man hatte großen Respekt vor den Gedanken und Gefühlen der anderen Familienmitglieder. Da man räumlich stark zusammenrücken musste, wollte man wenigstens den anderen innerlich nicht zu nahe treten. Daraus entstand eine recht stille, friedvolle Atmosphäre, in der man miteinander kommunizierte. Für mich als Kind war diese Atmosphäre mit Wärme und Geborgenheit des elterlichen Zuhauses gleich bedeutend. Sie vermittelte mir ein starkes Sicherheitsgefühl, aus dem heraus ich mich auf dem ganzen Anwesen frei bewegen konnte.

Die Stille und Zurückhaltung der Familienmitglieder im Umgang miteinander machte nach außen den Eindruck einer gewissen Selbstbezogenheit. Diese war jedoch keinesfalls als Abkapselung oder Desinteresse zu verstehen.

Im Gegenteil: Da jeder wusste, dass er auf den anderen angewiesen war, suchte er stets die Nähe der Familie. So bildete sich ein starker innerer Zusammenhalt, der durch einen gemeinsamen Arbeits- und Lebensrhythmus geprägt war.

Die natürlichen Zeitabläufe und landwirtschaftlichen Arbeitsvorgänge bestimmten das Zusammenleben auf dem Bauernhof. Diesem Zyklus mussten sich alle Bewohner unabhängig vom Alter und Geschlecht unterwerfen. Jeder von ihnen wurde dabei im Rahmen seiner Fähigkeiten in den gemeinsamen Prozess des Broterwerbs einbezogen. So konnte fast der gesamte Lebensunterhalt durch die Eigenleistung der Familienmitglieder bestritten werden. Darüber hinaus hatte die Familie kaum Geld, um sich irgendwelchen Luxus leisten zu können.

Als Luxus bezeichneten wir vor allem Lebensmittel, die wir selbst nicht produzieren konnten. Zucker wurde beispielsweise sehr sparsam verwendet. Kaffee gab es nur zu Ostern und Weihnachten. Pralinen oder Schokolade kamen überhaupt nicht in Frage.

Meine Geschwister und ich genossen weder beim Essen noch bei der Arbeit irgendeine Sonderstellung. Wir wurden wie jedes normale Familienmitglied betrachtet, das seinen Teil zum gemeinsamen Lebensunterhalt auf dem Bauernhof beitragen sollte. Kleine Haushaltsaufgaben musste jeder bereits ab seinem vierten Lebensjahr übernehmen. Bis dahin nahm er mehr oder weniger als Zuschauer am normalen Leben der Familie teil. So konnte ich bereits als Kind die Alltagsrealität so erfahren, wie sie wirklich war.

Nach den Maßstäben der Stadtbewohner mag das Leben auf unserem Bauernhof recht hart gewesen sein. Doch auf uns Kinder wirkte es ganz natürlich, weil wir nichts anderes kannten. Hinzu kam, dass der Tagesablauf mit den Prozessen der Natur in Einklang stand. So gab es für uns keinen Grund, die Lebensweise unserer Eltern und Großeltern in Frage zu stellen.

Der Tag auf unserem Bauernhof begann mit dem Sonnenaufgang. Die Kinder standen zusammen mit den Erwachsenen auf. Dann wurden sie je nach Alter und Geschlecht den Bezugspersonen zugeordnet, die sie den ganzen Tag bei der Ausübung ihrer Pflichten begleiteten und unterstützten.

Nur beim Mittag- und Abendessen saß die ganze Familie in der Wohnküche zusammen. Diese gemeinsame Mahlzeit spielte sich aber recht ruhig ab. Jeder konzentrierte sich nur darauf, die ihm zustehende Portion an Polenta oder Grießbrei aus einer in der Mitte stehenden Großschüssel möglichst schnell auszulöffeln. So blieb es den Sonn- und Feiertagen vorbehalten, dass man mit anderen Familienmitgliedern in ein längeres Gespräch kommen konnte. Die einzige Ausnahme bildeten die Sommermonate. In dieser Zeit pulsierte das Leben in der Wohnstube manchmal noch solange, bis die Sonne unterging. In der Regel ging man aber spätestens um 20 Uhr schlafen, um am nächsten Tag fit für die Arbeit zu sein.

Bis zu meinem sechsten Lebensjahr war neben meiner Mutter vor allem meine Großmutter als Bezugsperson für mich zuständig. Dies ist nicht so zu verstehen, dass mich die Oma auf irgendeine Weise verwöhnte. Sie war einfach für mich da, wenn ich sie brauchte, ließ mich ansonsten aber voll in Ruhe spielen. So hatte ich einerseits die Sicherheit, die Bezugsperson stets in meiner Nähe zu haben, andererseits genoss ich den Freiraum, das zu tun, was mir Spaß machte.

Ich konnte mich schon als Kind sehr gut selbst beschäftigen. Oft spielte ich allein in der Wohnküche, während Mutter und Oma das Essen vorbereiteten oder die Wäsche machten. Meine Phantasie kannte beim Spielen keine Grenzen. Sie wurde dabei vor allem durch Geschichten angeregt, die ich mehr oder weniger zufällig bei den Gesprächen der Erwachsenen aufgeschnappt hatte. In allen diesen Geschichten kam der Berglandschaft stets eine geheimnisvolle Bedeutung zu.

Für Menschen, die nicht nur inmitten einer rauen Gebirgswelt leben, sondern auch Tag für Tag im Überlebenskampf mit ihr stehen, hat die Natur einen tiefgründigen Sinn. Sie ist nicht nur ein Schauplatz des Lebens, sondern auch ein Mit- und Gegenspieler, an dem sich vielfältige Ängste und Hoffnungen reiben. Daraus entstehen spannende Geschichten, die sich Erwachsene in ihrer knapp bemessenen Freizeit erzählen. Diese Erzählungen regten meine kindliche Phantasie zu Spielen an, in denen ich mich als Held und Retter hervortun konnte. Eine einzige Ausnahme bildeten dabei die Schauergeschichten mit Geisterwesen, vor denen ich mich als Kind etwas fürchtete.

Normalerweise war es meine Mutter, die ab und zu von ihren geistigen Erscheinungen erzählte. Sie hat bis heute einen viel größeren Zugang zu der unsichtbaren Welt und zeigt sogar gewisse Ansätze von Hellsichtigkeit. Doch die Geschichte, die mir bis heute am stärksten in Erinnerung geblieben ist, stammte von meinem Vater. Sie handelt von einer weißen Gestalt, die ihm und seiner Schwester auf dem Reiter-Hof in der Nähe der Mooshof-Alm begegnete.

Die Mooshof-Alm ist einer der schönsten Plätze im Umkreis von Außervillgraten. Sie liegt am Fuße eines flach ansteigenden Berges, von dem sich eine kleine Quelle hinunterschlängelt. Die Quelle fließt in einen Bach, über den eine kleine Holzbrücke führt. Von dort aus sind es etwa 300 Meter zu einer kleinen Kapelle, die wie ein einsames Schmuckstück aus der ruhigen Berglandschaft hervorsticht.

Am schönsten wirkt die Alm, wenn man auf der Brücke steht und zum Berg hinaufschaut. Bei diesem Anblick überkommt den Betrachter das Gefühl der vollkommenen Harmonie, die im Rauschen des Baches ewig widerklingt. Er spürt die unendliche Kraft der Natur und seine eigene Unbedeutendheit und Vergänglichkeit.

Auf die Einheimischen übte die Mooshof-Alm seit Generationen eine besondere Anziehungskraft aus. Aber die wenigsten wagten sich, vor allem nach Anbruch der Dunkelheit, dahin. Dies lag daran, dass an der Stelle, wo die kleine Kapelle steht, vor über 150 Jahren ein schreckliches Unglück passiert war.

Aus den Dorfakten geht hervor, dass im Jahre 1838 ein gewisser Georg Weitlaner auf der Mooshof-Alm sein Leben lassen musste. Er wurde von einem Stein erschlagen, der sich beim Errichten einer Steinmauer löste. In der unmittelbaren Nähe des Unglücks haben seine Nachkommen 1882 die kleine Kapelle errichtet. Darin ist das gezeichnete Bild des Verunglückten neben den nach ihm verstorbenen männlichen Vertretern der Familie zu sehen.

Im Jahre 1934 hatte mein damals siebenjähriger Vater zusammen mit seiner ein Jahr älteren Schwester Maria bei dem Reiter-Hof in der Nähe der Mooshof-Alm beim Viehhüten ein Erlebnis. Sie sahen plötzlich eine weiße Gestalt über die Wiese zum Hofbrunnen schweben und dort Wasser schöpfen. Als die Gestalt auf sie aufmerksam wurde und sich ihnen zu nähern begann, liefen die Kinder erschrocken davon. Bis heute bekommt mein Vater ein leichtes Herzklopfen, wenn er sich an diese Begegnung erinnert.

Wenn ich meinen Vater heute besuche und ihm von meiner Hellsichtigkeit erzähle, kommt er immer wieder auf diese Geschichte zu sprechen. Dann steigen wir ins Auto und fahren zu der Mooshof-Alm, um dort in Ruhe unsere Gedanken schweifen zu lassen.

Ich habe immer ein sehr gutes, offenes Verhältnis zu meinen Eltern gehabt. Meinen Vater empfinde ich heute wie einen guten Freund, mit dem sich kumpelhaft umgehen lässt. Zu meiner Mutter habe ich eine sehr starke emotionale Bindung. Wir telefonieren oft miteinander und tauschen dabei unsere Erfahrungen aus.

Im Unterschied zu meinem Vater, der recht weltlich denkt, hat meine Mutter eine viel stärkere Intuition und Sehenskraft. Unter meinen Geschwistern haben noch weitere ausgeprägte Anlagen zur Hellsichtigkeit. Meine Mutter erzählte mir oft, dass diese Geschwister und ich ihr als Kinder manchmal auffällig vorkamen. Sie hatte auch immer den Glauben, dass aus mir einmal »etwas Besonderes« wird.

Obwohl ich heute dunkle Haare habe, war ich bis zu meinem vierten Lebensjahr strohblond. Mit dem hellen Haar und den strahlend blauen Augen übte ich vor allem auf ältere Menschen eine starke Anziehungskraft aus. Ich kann mich erinnern, dass meine Tanten, die bei uns zu Besuch waren, mich am liebsten die ganze Zeit in den Armen halten wollten. Auch meine Mutter drückte mich mehrmals täglich an ihre Brust. Immer wenn sie sich etwas schwach oder kränklich fühlte, sagte sie zu mir, ich solle kommen und ihr etwas Wärme geben. Mit Wärme meinte sie die Energie, die mein Körper bereits als Kind recht stark ausstrahlte.

Als Kind fand ich zu jedem meiner Verwandten und Geschwister sehr schnell emotionalen Zugang. Dennoch hatte ich einen Lieblingsonkel. Er hieß Hermann und war der zweitjüngste Bruder meines Vaters. Als ich geboren wurde, war Hermann 26 Jahre alt. Er hielt sich gerne in meiner Nähe auf, wickelte mich und passte abends auf mich auf, wenn die Frauen das Essen zubereiteten. So war meine Aufmerksamkeit in der Regel auch auf Onkel Hermann gerichtet, wenn die Familie am Tisch oder in der Stube zusammensaß.

Onkel Hermann war ein fester Bestandteil meiner Erlebniswelt. Ich hörte stets aufmerksam zu, wenn er etwas sagte oder wenn andere von ihm sprachen. Fiel in einem Gespräch sein Name, gingen mir spontan irgendwelche Gedanken durch den Kopf. Einer dieser Gedanken erwies sich dabei als Vorbote meiner späteren Hellsichtigkeit.

Es geschah an einem Abend im Frühsommer 1960. Ich spielte in der Essküche neben meiner Oma und schaute ihr beim Kräuterpflanzen zu. Als meine Mutter in die Küche kam und mit der Oma darüber sprach, dass Onkel Hermann demnächst in die Schweiz gehen würde, fing mein Kopf zu glühen an. Doch ich sagte zunächst nichts und ließ die Frauen in Ruhe weiterreden.

Mein Onkel hatte im Dorf Zimmermann gelernt und fand im schweizerischen Zug eine Baufirma, die ihn beschäftigen wollte. Für einen Bauernjungen von damals war bereits eine feste Anstellung außerhalb der Heimatregion ein Ereignis, das ihn und seine Familie zu Recht mit Stolz erfüllen durfte. Dass es sich dabei um die Schweiz handelte, wertete die Sache noch mehr auf. Kein Wunder, dass meine Mutter und meine Oma freudig erregt waren, als sie von dem bevorstehenden Weggang des Onkels Hermann sprachen.

Nachdem meine Mutter die Küche verlassen hatte, rückte ich ganz nahe an die Oma heran. Sie drückte mich wie gewöhnlich an sich, ließ sich ansonsten aber bei ihrer Arbeit nicht stören. Ich blieb bei ihr stehen, bis ich plötzlich an ihrer Schürze zupfte. Als die Oma zu mir hinunterschaute, sagte ich: »Hermann kommt nicht wieder.«

Die Großmutter schenkte meinen Worten zunächst keine Beachtung. Sie murmelte so etwas wie »Ja, ja« und setzte ihre Pflanzerei fort. Erst als ich denselben Satz wiederholte, blickte sie mich etwas verwirrt an und sagte: »Red keinen Blödsinn.« Ich rückte daraufhin von ihr ab und sprach den Satz zum dritten Mal aus.

An einem der nächsten Tage, möglicherweise war es ein Sonntag, saß fast die ganze Familie in der großen Stube zusammen. Das Gespräch drehte sich um die bevorstehende Abreise von Onkel Hermann. Er selbst saß mit dabei und erzählte, dass er sich sehr darauf freue. Auch andere Familienmitglieder, vor allem mein Vater, zeigten ihre Freude, dass Hermann eine so gute Anstellung bekommen hatte.

Nach meinen Erfahrungen mit der Großmutter lauschte ich der Unterhaltung stillschweigend. Als ich aber merkte, dass Onkel Hermann mich anschaute, konnte ich nicht widerstehen. Ich wandte mich an ihn und sagte: »Du kommst nicht wieder.« Nach diesem Satz drehten alle Köpfe sich zu mir und schauten mich gebannt an.

Es war meine Oma, die die tödliche Stille, die nach meinen Worten einige Sekunden lang den Raum beherrschte, mit ihrer energischen Stimme unterbrach: »Das Kind redet schon die ganze Zeit diesen Blödsinn«, sagte sie. Daraufhin wollte meine Mutter etwas Strafendes zu mir sagen, doch Hermann kam kurzerhand dazwischen. »Lasst doch den Jungen in Ruh«, besänftigte er die beiden Frauen und setzte seine Ausführungen über die bevorstehende Reise fort. Es war das letzte Mal, dass ich meinen Onkel unter den Lebenden sah.

Am 18. Juni 1960 ist Onkel Hermann in der Schweiz tödlich verunglückt. Es passierte bereits an seinem dritten Arbeitstag, dass er vom Baugerüst herunterfiel, nachdem er von einer Kranlast getroffen worden war. Er kam ins Krankenhaus und verstarb dort. Sein Leichnam wurde nach Außervillgraten überführt und auf dem Dorffriedhof beigesetzt. Auf den Fotos von der Beerdigung spürt man bis heute das Entsetzen, das das Unglück in der Familie auslöste.

Für meine Seele stellte das Ableben meines Lieblingsonkels ein einschneidendes Erlebnis dar. Es hatte dazu geführt, dass ich als Kind nie wieder den Kontakt zu der Geistigen Welt aufnahm. Ich musste wohl so erschrocken über meine Prophezeiung gewesen sein, dass ich mich für den Tod von Onkel Hermann verantwortlich fühlte. Als eine Art natürliche Reaktion darauf verdrängte ich aus meinem Kopf alle Gedanken, die mit dem Sterben zu tun hatten. Damit unterband ich auch die geistige Verbindung zu den unsichtbaren Dimensionen des Lebens. Denn, wie Alexandra später zu mir sagte, kommt die Hellsichtigkeit durch die Beschäftigung mit dem Tod.

Nach dem Tod von Onkel Hermann verlief meine Kindheit ohne weitere besondere Vorkommnisse, die für meine spätere Hellsichtigkeit von Bedeutung gewesen wären. Ich wurde größer und musste immer mehr im Haushalt helfen. Ab dem fünften Lebensjahr durfte ich auch die männlichen Familienmitglieder bei der Arbeit begleiten. Vor allem mein Vater nahm mich gerne mit, wenn er in den Stall oder nach draußen arbeiten ging.

Unser Bauernhof lebte in erster Linie von der Viehzucht. Wir hatten Kühe, Kälber, Schweine und Hühner, die jeden Tag versorgt werden mussten. Wenn man sich vorstellt, dass wir damals jeden Heuballen und jeden Stapel Holz mehr oder weniger per Hand in den Schober befördern mussten, wird einem die körperliche Anstrengung der täglichen Arbeit klar. Sogar die Brotmühle und der Lastenaufzug wurden bis in die Sechzigerjahre manuell betrieben.

Unser Anwesen umfasst knapp 30 Hektar Land. Davon sind sechs Hektar steile Bergwiesen, die heute als Brachland nicht mehr genutzt werden. Etwa 21 Hektar entfallen auf Schutz- und Nutzwald. Nur drei Hektar sind für Feldwirtschaft geeignet.

Die Feldwirtschaft war die Grundlage für die Viehzucht. Alle in der Familie mussten mithelfen, um mit der Arbeit fertig zu werden. Überlebenswichtig war es dabei, genügend Holz und Futtermittel einzufahren, um den rauen Winter schadlos zu überstehen.

Meine zwei älteren Brüder halfen meinem Vater kräftig mit. Der jüngere von ihnen hat auch später den Hof übernommen. Er wohnt heute mit seiner Frau und seinen fünf Kindern neben meinen Eltern im Haus. Damit hat sich die Tradition der Großfamilie auch in unsere nächste Generation fortgesetzt.

Für mich als viertes Kind und drittältesten Sohn kam es nie in Frage, in der Landwirtschaft der Eltern auf längere Sicht tätig zu sein. Mein Vater hat mich auch nie besonders dazu animiert. Stattdessen nahm er sich bei der Arbeit gelegentlich Zeit, um mich auf die Natur und ihre gewaltigen

Kräfte aufmerksam zu machen. Er war auch der Erste, der bei mir den Gedanken aufkommen ließ, dass alle sichtbaren Erscheinungen von einer ungeheuren Energiequelle angetrieben werden.

Ich glaube, dass meine Anlage zur Hellsichtigkeit von meinen Eltern gleichermaßen geprägt wurde. Während mich die Mutter mehr mit der Tiefe des Lebens vertraut machte, lenkte mein Vater meine Aufmerksamkeit stärker auf das Leben in der Natur. Sie verkörperte mehr die Welt der Ahnungen und Erscheinungen, er dagegen die Klarheit und Rauheit des Alltags.

Als ich Kind war, erzählte mir meine Mutter manchmal von ihren Träumen. Das führte dazu, dass auch ich mehr und mehr auf meine Träume zu achten begann. Diese Angewohnheit setzte ich bis ins Erwachsenenleben fort. Mit den Jahren wurde mir dabei auch die Verbindung zwischen Träumen und Hellsichtigkeit klar.

Ich kann mich heute sofort an alles, was ich geträumt habe, erinnern. Dies ist wahrscheinlich für viele Menschen nicht selbstverständlich. Sie haben häufig intensive Träume, deren Inhalt ihnen im wachen Zustand nicht mehr präsent ist. Sie sind höchstens in der Lage, einzelne Bilder und die vorherrschende Stimmung des Traums wachzurufen. Sie wissen, ob es schön oder beklemmend für sie war, zu träumen, nicht aber, was genau sie geträumt haben.

Bei mir ist es ganz anders. Ich versetze mich einfach in den Alphazustand und habe meinen Traum genau vor Augen. Diese Verbindung lässt darauf schließen, dass ich im Traum den Zugang zu der Geistigen Welt finde.

Tatsächlich kann ich eine Reihe von Geschichten dafür anführen, dass zwischen den Träumen und der Geistigen Welt vielfältige Verbindungen bestehen. Eine dieser Geschichten, die sich in den Neunzigerjahren zugetragen hat, spielt sich an den Schauplätzen meiner Kindheit ab. Sie hat für die Entwicklung meiner Hellsichtigkeit eine besondere Bedeutung. Mit ihr möchte ich auch dieses Kapitel abschließen.

Vor einigen Jahren träumte ich immer wieder von einem mir bekannten Wasserfall. In jedem dieser Träume stand dort eine Person und sagte zu mir: »Führe Menschen zu diesem Wasser.« Dabei deutete der Sprecher mit seiner Hand auf seine Brust. »Es würde das Leiden der Menschen in diesem Bereich lindern«, sagte er. Am Anfang schenkte ich diesen Worten keine Beachtung. Aber als später ein anderer Traum auftauchte, bekamen die Worte eine neue Bedeutung.

Der andere Traum war sehr beklemmend. In einem dunklen Raum, es war wahrscheinlich eine nur durch das Kerzenlicht erleuchtete Bauernstube im Winter, saß auf einem kleinen Hocker ein Mann. Er hatte eine gewisse Ähnlichkeit mit der Person aus dem anderen Traum. Doch zunächst war ich mir dieser Tatsache nicht ganz sicher.

Der Traum begann immer auf die gleiche Weise. Vor dem Mann standen sieben Spinnräder, die er alle gleichzeitig bediente. Die Stube war voll mit den gesponnenen Fäden, die ihn langsam zu ersticken begannen. Dies störte den Mann aber nicht. Er spann und spann und spann.

Ich schaute dem Mann eine Weile beim Spinnen zu, bis ich ein paar Schritte auf ihn zuging und fragte: »Darf ich ein Spinnrad haben?« Der Mann schaute daraufhin kurz auf, sagte »Nein« und widmete sich wieder seiner Tätigkeit. Ich blieb in der Stube stehen und sah die Fadenhaufen wachsen. Nach und nach überkam mich Beklommenheit wegen des immer kleiner werdenden Raumes. Als die

Fäden sich um meinen Körper zu schlingen begannen, wachte ich plötzlich auf. Diesen Traum träumte ich mehrere Male, und jedes Mal kam das plötzliche Erwachen.

Obwohl ich damals bereits über eine gewisse Hellsichtigkeit verfügte, war die Bedeutung des Traums für mich unverständlich. Es fiel mir nur auf, dass der Mann an den Spinnrädern sehr gequält aussah und sein Gesicht mir dabei erheblich bekannter vorkam als im ersten Traum. Ich wusste aber nicht, an wen er mich wirklich erinnerte. Erst als ich für ein paar Tage mein Heimatdorf besuchte, bekamen beide Träume eine schicksalhafte Wende.

Während eines Vortrags vor den Dorfbewohnern, von dem in einem späteren Kapitel noch die Rede sein wird, traf ich eine alte Schulkameradin von mir. Sie hieß Bernadette und durchlitt gerade eine schwere Zeit. In ihrer Familie hatten sich in den letzten Jahren mehrere tragische Todesfälle ereignet.

Bernadette hatte den Tod ihrer Angehörigen nicht verkraftet. Sie war traurig und depressiv. Obwohl sie zwei kleine Töchter hatte, fand sie keinen neuen Lebensmut. Bei der Unterhaltung, die wir am Tage nach meinem Vortrag führten, hatte ich sogar den Eindruck, dass sie sich das Leben nehmen könnte.

Das Schicksal von Bernadette beschäftigte mich den ganzen Tag. In der Nacht kam mein Traum mit den Spinnrädern wieder. Diesmal verlief er aber etwas anders. Als ich den Mann fragte, ob ich ein Spinnrad haben dürfte, sagte er plötzlich »Ja.« Ich nahm ein Rad und ging weg. Als ich aufwachte, fühlte ich zum ersten Mal, dass ich eine tiefere Wahrheit besaß, als ich bisher zu ahnen wagte.

Ich hatte jetzt das Gesicht des Mannes sehr deutlich vor Augen. Am frühen Morgen setzte ich mich in den Wagen und fuhr zu der Mooshof-Alm. Dort angekommen, ging ich schnellen Schrittes auf die kleine Kapelle zu. Als ich sie betrat, war ich mir der Sache ziemlich sicher. Der Blick auf das Bild gab mir dann die letzte Gewissheit.

Der Mann in meinem Traum und der vom Stein erschlagene Georg Weitlaner waren ein und dieselbe Person. Ein Irrtum war ausgeschlossen. Dieselben Augen, derselbe Mundwinkel und derselbe nachdenkliche Gesichtsausdruck ließen keine andere Erklärung zu.

Ich fuhr nach Hause zurück und dachte über den Sinn dieser Koinzidenz* nach. Dabei fiel mir auf, dass es entscheidend darauf ankommt, aus welcher Perspektive die Ereignisse gedeutet würden. Diese Überlegungen haben für meine Sicht der Welt bis heute ihre Gültigkeit behalten. Deshalb möchte ich sie kurz wiederholen, bevor ich die Geschichte mit Bernadette und meinem Traum zu Ende erzähle.

Die Wirklichkeit kann aus den Träumen unterschiedlich gedeutet werden. Vorherrschend ist dabei die Meinung, dass sich aus den Träumen die innere Wirklichkeit der träumenden Person interpretieren lässt. So können sich in den Traumbildern Gedanken und Gefühle widerspiegeln, die die Person vor allem als Kind durchlebt hat und an die sie sich bewusst nicht mehr erinnern kann.

Aus dieser Perspektive lässt sich die Koinzidenz ziemlich einfach erklären. Ich musste wohl als Kind das Bild von Georg Weitlaner in der kleinen Kapelle gesehen haben. Das Bild hatte sich mir dabei so tief eingeprägt, dass es mir auch im Traum erschien. Es war nichts anderes als

---

* Koinzidenz bedeutet das scheinbar zufällige Zusammentreffen von Ereignissen, die auf den ersten Blick nichts miteinander zu tun haben.

eine Art Wiedererinnerung an ein vergessenes Kindheits-
erlebnis.

Obwohl ich mich gut daran erinnern kann, die Geschichte meines Vaters von der weißen Gestalt auf dem
Reiter-Hof als Kind gehört zu haben, bin ich mir ziemlich
sicher, dass ich das Gesicht von Georg Weitlaner niemals
vor meinem Traum von dem spinnenden Mann gesehen
habe. Wenn dies tatsächlich der Wahrheit entsprach, wie
war dann die Koinzidenz möglich? Auf diese Frage versuchte ich mir eine Antwort zu geben. Ich dachte mehrere
Stunden darüber nach, bis ich plötzlich eine ganz einfache
Erklärung dafür fand.

Die einfache Antwort auf meine Frage hieß, dass es der
Verstorbene selbst war, der mir im Traum erschien. Damit
kam eine andere Perspektive ins Spiel. In ihren Träumen
begegnen den Menschen nicht die verdrängten Erinnerungen aus ihrer Kindheit, sondern Erscheinungen aus der
Geistigen Welt. Wenn dies sich aber so verhielt, stellte
sich für mich eine nächste Frage: »Was wollte der vor über
150 Jahren verstorbene Georg von mir?«

Diese Frage ließ mich den ganzen Tag nicht los. Sie war
mir auch sehr gegenwärtig, als ich mich erneut mit Bernadette traf. Dieses Gespräch verlief sehr beklemmend, weil
ich keinen Weg fand, sie zu trösten. So kam ich auf den Gedanken, ob vielleicht Georg mir dabei helfen könnte, Bernadette von ihrer inneren Qual zu erlösen. Ich nahm mir
vor, mit ihm darüber zu sprechen.

Tatsächlich erschien mir der Verunglückte mit seinen
Spinnrädern im Traum wieder. Unser Gespräch verlief
dabei noch viel intensiver als in den vorausgegangenen
Träumen. Es war, als ob wir uns in Wirklichkeit gegenüber-
sitzen würden. Aus dieser geistigen Nähe sagte der Verun-

glückte zu mir: »Ich bin der Mann vom Wasserfall. Ich wusste von der Heilkraft des Wassers, habe es aber nicht geteilt. Deshalb sitze ich heute noch hier. Führe Menschen, die im Herzen (in der Seele) traurig sind, zu diesem Wasser.« Er zeigte dabei wieder auf seine Brust und fuhr fort: »Die Menschen sollen von dem Wasser bewusst trinken. Ich weiß von Bernadette, das Wasser hat die Schwingungen, die sie braucht. Sie soll es bewusst trinken, und es wird ihr helfen.« Nachdem Georg diese Worte gesprochen hatte, wachte ich auf.

Am Nachmittag ging ich zu Bernadette und riet ihr, regelmäßig auf die Mooshof-Alm zu gehen und aus der Quelle zu trinken. »Geh zum Wasser und probiere es aus«, sagte ich. Auch wenn ich dachte, die Leute könnten mich für verrückt halten, war ich davon überzeugt. Deshalb wiederholte ich nachdrücklich: »Geh hin zu dem Wasser, und du wirst gesund.«

Als Bernadette meinen Rat hörte, wurde sie etwas munterer. Sie sagte aber, dass sie sich etwas vor der Mooshof-Alm fürchtete. Sie fragte mich, ob ich sie nicht dahin fahren könnte. Da ich am nächsten Tag das Dorf wieder verlassen musste, konnte ich ihrer Bitte nicht entsprechen. Ich versprach ihr aber, dass ich meinen Vater bitten werde, sie zu begleiten.

Nach diesem Gespräch ging mein Vater regelmäßig mit Bernadette auf die Mooshof-Alm, wo sie das Quellwasser mit Bedacht trank. Nach jedem dieser Ausflüge telefonierten wir miteinander. Sie fühlte sich von Woche zu Woche besser. Am Ende des Jahres hatte sich ihre Stimmung so stark gehoben, dass sie wieder einer geregelten Arbeit nachgehen und sich an ihren Töchtern erfreuen konnte.

In dieser Zeit kam der Traum mit dem verunglückten

Georg Weitlaner wieder. Allerdings bekam er eine neue Wende. Als der Mann mich im Raum sah, sagte er: »So, nun setz du dich zum Spinnrad.« Ich nahm seinen Platz ein und begann, einen langen Faden zu spinnen. Plötzlich wurde der Faden zu einem Lichtstrahl. Auf diesen Augenblick schien der Mann gewartet zu haben. Er neigte sich zu mir und sprach: »Es ist dein Werk. Führe den Faden zu den Herzen aller Menschen, die du für würdig hältst.« Daraufhin verschwand die Bitterkeit aus seinem Gesicht, und er schien erlöst zu sein.

Die Worte von Georg haben mich in der Gewissheit bestärkt, dass eigentlich jeder Mensch das Wasser mit der richtigen (Heil-)Frequenz trinken sollte. Das Wichtigste ist dabei aber die Achtung, die man dem Wasser entgegenbringt. So lautet mein Ratschlag: Lerne Wasser bewusst trinken, und du erkennst schnell, wie gut es deiner Seele tut. Dann kann es dir auch gelingen, die Trauer aus deinem Herzen zu vertreiben, so wie es Bernadette gelang.

Heute ist Bernadette innerlich völlig ausgeglichen. Sie bezeichnet mich gerne als ihren Helfer, der ihr ein neues Leben gegeben hat. Sie sagt häufig zu mir: »Ich danke dir, dass du mir so viel Gutes ins Haus gebracht hast.« Ich höre das Kompliment zwar gern, doch ich weiß, wer ihre Heilung tatsächlich bewirkt hat. Es war eine Stimme aus der Geistigen Welt, in deren Nähe ich bereits als Kind aufwuchs.

Der Mut zu neuen Erfahrungen
(1965–1976)

Ich bin im Spätsommer 1964 eingeschult worden. Die Einschulung fand ohne besondere Feierlichkeiten statt. Mein Vater hatte mich zu Fuß auf den Hof vor dem kleinen Schulhaus gebracht, wo bereits andere Erstklässler mit ihren Eltern warteten. Nach einer kurzen Ansprache des Lehrers gingen wir in einen Klassenraum und hatten dort unsere erste Unterrichtsstunde.

Mit dem Unterricht verbinde ich keine besonderen Erinnerungen. Das liegt wohl daran, dass ich recht schnell die herrschenden Schulregeln erkannte, verinnerlichte und mich danach verhielt. Ich betrachtete die Schule als eine Art Pflichterfüllung. Man ging dahin, um sich die Freizeit zu verdienen.

Die Schulregeln waren verhältnismäßig einfach. Ruhig sitzen, dem Lehrer gehorchen, das von ihm und in den Lehrbüchern Vorgetragene lernen, auf seine Fragen die gewünschten Antworten geben, keine Schule schwänzen, die Hausaufgaben machen. Bis auf die Hausaufgaben kam ich mit diesen Regeln gut zurecht. Das brachte mir das Prädikat eines braven Schülers.

Ein braver Schüler befolgt die Schulregeln, ohne sich

über sie große Gedanken zu machen. Eine ähnliche Einstellung hat er gegenüber dem Unterrichtsstoff. Er lernt das, was von ihm verlangt wird. Wozu das Erlernte gut sein soll, ergibt sich entweder von selbst oder gar nicht. Bietet das Erlernte keinen erkennbaren Nutzen, ist es auch nicht weiter schlimm. Man lässt den Lehrstoff einfach über sich ergehen, ohne nach dessen Sinn zu fragen.

Mit den Fächern Deutsch, Rechnen oder Heimatkunde hatte ich keine Probleme. Sie hatten einen Bezug zur Realität und boten darüber hinaus einen praktischen Nutzen. Anders verhielt es sich mit der Religion. Ich wusste nicht, wozu sie gut sein sollte. Dies hinderte mich zwar nicht daran, den Ausführungen des Pfarrers aufmerksam zu folgen und mich brav zu verhalten. Unter den Umständen war dies aber gar nicht so einfach.

Der Religionsunterricht zeichnete sich durch eine besondere Strenge aus. Gehorsam galt als das oberste Gebot. Erlaubt waren nur solche Fragen, auf die es eine bibelfeste Antwort gab. Schon der Hauch eines Zweifels an der Autorität der Bibel konnte den Pfarrer in Rage bringen.

Den Schülern beizubringen, sich unterzuordnen, war für den Pfarrer ein sehr wichtiges Erziehungsziel. Eigentlich richtete sich die ganze Dorfgemeinschaft nach den Vorstellungen des Pfarrers. Die Menschen in einem kleinen Bergdorf mussten sich an irgendetwas festklammern. Wo hätten sie sonst die Zuversicht in die Zukunft und den Mut zum Leben holen sollen? So war die biblische Geschichte täglicher Bestandteil unseres Lebens. Wir beteten vor dem Essen und nach dem Essen. In den Fragen der Moral und der Erziehung waren die Worte des Pfarrers ausschlaggebend.

Bei mir verbreitete der Pfarrer mehr ein Gefühl der

Angst als des Wohlbefindens. Dies betraf vor allem seine ständige Bemerkung, dass schlimme Buben, die sich von der Schöpfung abgewandt hatten, beim Jüngsten Gericht landen würden und dort mit erheblichen Strafen rechnen müssten. Nach solchen Ausführungen überkamen mich häufig arge Zweifel. Doch mein inneres Empfinden, das schon im Kindesalter sehr stark ausgeprägt war, kämpfte dagegen an und ließ mich letztendlich meinen eigenen Weg gehen. Es war der Weg des Entdeckens. Dieser Weg führte mich zum Erkennen des eigenen Ichs.

Um zu mir selbst zu finden, musste ich gegen die Erziehung des Pfarrers zum demütigen Gehorsam ankämpfen. Es war gar nicht so einfach, seine seelischen und körperlichen Erziehungsmethoden schadlos zu überstehen. Für die körperliche Züchtigung zeichnete vor allem die Köchin des Pfarrers verantwortlich. Ihr bevorzugtes Einsatzgebiet waren die Messen, die wir als Schulkinder täglich besuchten.

Die Frühmesse begann an Wochentagen um 7.00 Uhr. In der kleinen Kirche auf dem Ortshügel von Außervillgraten versammelten sich etwa 60 Personen. Es waren vor allem die Alten aus dem Ortskern und die Dorfschüler, die sich um diese Zeit zum Gottesdienst einfanden.

Die Sitzordnung der Kirche sah eine strenge Trennung nach Geschlechtern vor, links die Frauen, rechts die Männer. Die Knaben der ersten Schuljahrgänge mussten in den vorderen Bankreihen sitzen. Schräg hinter ihnen nahm die Köchin des Pfarrers ihren Platz ein. Ihre Aufgabe war es, für Zucht und Ordnung während der Messe zu sorgen.

Die Köchin war eine kleine, zierliche Person mittleren Alters. Sie maß nicht mehr als etwa 150 cm an Länge. Wer sie in ihrer Demutshaltung an der äußeren Kante der Kirchenbank sitzen sah, musste glauben, dass sie keiner Fliege etwas zu Leide tun konnte. Doch der Schein trog. Für uns Schüler war die Köchin äußerst gefährlich.

Während des gesamten Gottesdienstes hatte uns die Köchin fest im Blick. Wir mussten regungslos den Worten des Pfarrers folgen, möglichst geräuschlos den Stellungswechsel zwischen Sitzen, Stehen und Knien vornehmen und vor allem laut, aber nicht zu laut singen und beten. Schon bei der geringsten Missachtung dieser Regeln folgte die Strafe auf dem Fuß. Die Köchin kam aus ihrem Hinterhalt und haute dem »Missetäter« mit der Hand von hinten auf den Rücken, auf die Hände oder auf den Kopf.

Bei jedem Schlaggeräusch ihrer Hand hob der Pfarrer seine Augenbrauen hoch, blickte kurz auf die versammelte Gemeinde herab und nickte beifällig. Dann fuhr er mit seiner Zeremonie fort. Vor allem während der Predigt schienen die Strafaktionen der Köchin für ihn ein willkommener Anlass zu sein, seinen Worten durch das eigene Nicken ein noch größeres Gewicht zu verleihen. Dies galt insbesondere dann, wenn die Züchtigung mit den Passagen über die Allmächtigkeit Gottes einherging.

Auch wenn dem Pfarrer im Religionsunterricht die Hand ab und zu ausrutschte und er beim kleinsten Ungehorsam zu brüllen anfing, waren seine Züchtigungsmethoden erheblich subtiler als die der Köchin. Er liebte es vor allem, uns durch seine Erzählungen aus der Bibel einzuschüchtern.

Ich hatte als Kind keinen Grund, an den biblischen Geschichten zu zweifeln. Im Gegenteil: Ich fand sie meistens recht aufregend. Was mich dabei nur irgendwie störte, war die Moral, die der Pfarrer jedes Mal daraus zog. Diese hieß auf einen Nenner gebracht: Seid folgsam und fürchtet euch.

Jedes Mal, nachdem ich eine solche Moralpredigt des Pfarrers gehört hatte, verspürte ich den Drang, ins Freie zu laufen und dort tief einzuatmen. Meine Brust war oft wie verschnürt und verlangte nach Luft. Kaum dass der Religionsunterricht oder die Messe vorbei waren, rannte ich hinaus und erfreute mich am Anblick der freien Berglandschaft. Dort fand ich erst nach einigen Minuten der stillen Andacht allmählich mein inneres Gleichgewicht wieder.

Das Gleiche passierte mir des Öfteren auf dem Schulweg ins Dorf. Bei jeder Straßenbiegung stand ein Wegkreuz, wo ein grimmig geschnitzter Herrgott hing. Dessen Anblick veranlasste mich immer, schnell daran vorbeizulaufen. Ich weiß noch, wie ich in der ersten Schulklasse den Lehrer gefragt habe, was die vielen Wegkreuze bedeuten würden. Er antwortete: »Damit wir den Herrgott nicht aus den Augen verlieren.« Damals konnte ich mit diesen Worten nicht viel anfangen. Aber auch sie sorgten dafür, dass ich mich irgendwie unbehaglich fühlte.

Ich hatte als Kind diesen Begebenheiten keine große Bedeutung beigemessen. Erst im Erwachsenenalter dachte ich intensiver darüber nach. Ich fand auch eine Erklärung, wieso ich auf diese Art und Weise auf die Moralpredigten des Pfarrers reagierte. Sie sind für jeden interessant, der sich von seinen unbewussten Ängsten befreien will.

Alle ermahnenden Worte unseres Dorfpfarrers hatten das Schicksal des Menschen zum Inhalt und waren nach einem einfachen Strickmuster aufgebaut: Geburt, Sünde, Tod, Auferstehung, Himmel oder Hölle. Da wir alle in unserem irdischen Dasein Sünder seien, predigte er, müssten wir alle sterben. Erst als Tote hätten wir die Hoffnung, am Tage des Jüngsten Gerichts aufzuerstehen. Dann würde sich auch erst zeigen, welches Schicksal jedem Einzelnen bevorstehe. Nur die Frommen kämen in den Himmel. Diejenigen aber, die sich auf Erden von Gott und seinen Lehren abgewandt hätten, würden in der Hölle unbeschreibliche Qualen erleiden.

Die Predigten des Pfarrers riefen bei mir eine unbewusste Angst hervor. Es war die Angst, nicht mehr da zu sein. Da ich mir dies nicht vorstellen konnte, versuchte ich, den Gedanken an das Ende meiner Existenz zu verdrängen. Aber auch solche Verdrängungsversuche konnten an meinem inneren Unbehagen nichts ändern.

Verdrängung ist eine Reaktion auf die Angst vor dem Unbegreiflichen. Ich habe die Erfahrung gemacht, dass die Menschen nicht das verdrängen, was ihnen emotional zuwider ist. Starke Gefühlserlebnisse lassen sich kaum aus dem Bewusstsein löschen, da sie dort einen starken Eindruck hinterlassen, der immer wieder aufbrechen kann.

Anders verhält es sich mit den quasi rationalen Worten, die der Betroffene nicht begreifen oder verarbeiten kann. Stellen diese Worte die Existenz der Person in Frage und jagen ihr dadurch Angst ein, dann werden sie aus ihrem Bewusstsein verdrängt. Das ist eine natürliche Schutzreaktion, mit der wir uns das scheinbar Unbegreifliche vom Leibe halten wollen.

Unter rationalen Gesichtspunkten war das vom Pfarrer dargestellte Menschenschicksal zum Fürchten. Jeder Mensch, also auch ich, müsse sterben. Aus dieser Perspektive stellte sich das irdische Dasein für mich ziemlich deprimierend dar. Denn egal, was ich tat, führte dies zwangsläufig zu meinem sicheren Tod.

Vor diesen Todesgedanken konnte ich mich während des Religionsunterrichts nur dadurch schützen, dass ich nicht an das Ende meiner Existenz dachte. Ich versuchte nicht hinzuhören und beschäftigte mich stattdessen mit den lebensnahen Dingen. Wenn ich Hunger hatte, stellte ich mir einfach das bevorstehende Mittagessen vor. Ein anderes Mal erinnerte ich mich an einen schönen Sonntagsausflug, den ich zusammen mit meiner Familie gemacht hatte.

Durch das Denken an die alltäglichen Geschehnisse vermied ich zwar, mich mit meinem Tod bewusst auseinander zu setzen. Dabei gelang es mir aber nicht, meine Angst wirklich zu überwinden. Ich hatte sie nur in mein Unterbewusstsein verbannt. Dieser Verdrängungsprozess konnte aber schon deshalb nicht gelingen, weil der Pfarrer ihn durch seine Moralpredigten immer wieder geschickt zu verhindern wusste.

Jeder, sagte der Pfarrer, der auf seine Worte nicht höre und sich durch irdische Genüsse ablenke, werde dafür mit der Hölle und ihren Qualen bestraft. Denn der Mensch, der sich von Gott und den Lehren der Kirche abwende, sei nicht fromm und habe keinen Anspruch, in den Himmel zu kommen. In diesen Momenten fühlte ich mich regelrecht ertappt. Denn ich musste mich zu denjenigen zählen, die in der Hölle schmoren werden.

Man konnte die Worte des Pfarrers drehen und wenden, wie man wollte, am Ende waren sie für jeden zum Fürchten. Die Frommen mussten sich mit der Endlichkeit ihres Lebens beschäftigen und bekamen Angst vor dem Tod. Für die Lebenslustigen, die den Gedanken an den eigenen Tod verdrängten, stand fest, dass sie nach dem Jüngsten Gericht in der Hölle landen werden.

Ich habe lange eine persönliche Abneigung gegen unseren Pfarrer gehegt und ihn für die falsche Erziehung der Kinder verantwortlich gemacht. Heute hat sich meine Meinung geändert. Es war nicht die Schuld unseres Pfarrers, dass er uns Angst einjagte. Schuld daran war das raffinierte Autoritätssystem, dem er selbst zum Opfer gefallen war. Auch ihm war nichts anderes beigebracht worden als uns. Von woher hätte er wissen sollen, was im Leben wichtig ist?

Die Raffinesse des Autoritätssystems bestand darin, dass es die Menschen einerseits in ein enges Korsett von Geboten und Verboten einschnürte, ihnen andererseits aber Schlupflöcher bot, sich daraus von Zeit zu Zeit zu befreien. Die Befreiungsakte, die gegen geltende Vorschriften verstießen, verursachten bei den Betroffenen in der Regel ein schlechtes Gewissen. Um dieses zu erleichtern, brauchten sie wiederum die Möglichkeit einer Wiedergutmachung. Diese wurde jedem auch prompt gewährt, der sich zu dem Autoritätssystem offiziell bekannte. So hielt das System die Betroffenen in einem Teufelskreis von Schuld und Vergebung.

Ein klassisches Beispiel dafür, wie das Autoritätssystem in unserem Dorf funktionierte, war die Beichte. Die Verstöße gegen die Gebote der Kirche waren in unserer Dorfgemeinde, wie wahrscheinlich überall sonst, an der Tagesordnung. Durch die Beichte hatte aber jeder im Dorf die Möglichkeit, mit seinem Gewissen ins Reine zu kommen. Spätestens nach der zehnten Absolution hatte der »Reumütige« dabei die Prozedur durchschaut. Er sündigte, ging zur Beichte, leistete Abbitte, und dann war der Fall für ihn so lange erledigt, bis ihm seine »Sündenlast« einen erneuten Gang in den Beichtstuhl nahe legte.

Die Kinder in unserer Dorfschule mussten mindestens einmal im Monat beichten gehen. Ich als braver Schüler fügte mich diesem Zwang willig. Nach einer kurzen Zeit der Beichterfahrung begriff ich intuitiv, worauf es dabei ankam, und richtete mein Verhalten entsprechend darauf ein.

Ich kann mich nicht erinnern, dass ich irgendwann im Beichtstuhl dem Pfarrer die volle Wahrheit gesagt hätte. Stattdessen erfand ich kleine Vergehen, die seine Neugierde befriedigten und mir gleichzeitig eine nicht allzu hohe Strafe einbrachten. Die Letztere war insofern ziemlich bedeutungslos, als ich nicht im Traum daran dachte, sie zu verbüßen. Ich ging nur mit einer bedächtigen, zerknirschten Miene aus der Kirche heraus, um dem Pfarrer den Eindruck zu vermitteln, dass ich seinen Weisungen folgen werde.

Obwohl ich mit meinen Kameraden niemals offen darüber gesprochen habe, glaube ich, dass sie ihre Beichte ähnlich wie ich praktizierten. Heute bin ich mir nicht einmal sicher, ob der Pfarrer selbst an das glaubte, was wir ihm erzählten. Vielleicht machte er nur einfach mit, um seine Autorität nicht in Frage zu stellen. Auf jeden Fall spielte er seine Rolle, ob aus Überzeugung oder zum Schein, hervorragend.

Als ich im Erwachsenenalter zum ersten Mal das Märchen »Des Kaisers neue Kleider« las, fiel mir spontan der Dorfpfarrer meiner Kindheit ein. In diesem Märchen haben zwei clevere Burschen, die sich für Schneidermeister ausgaben, dem Kaiser ein prachtvolles Kleid genäht. Das Kleid war allerdings nur für denjenigen sichtbar, der dem Land aufrichtig diente und der kaiserlichen Regierung ergeben war. So bekam der Kaiser damit die Möglichkeit, seine fähigen von seinen unfähigen Beamten zu unterscheiden.

Bedauerlicherweise konnte der Kaiser selbst das für ihn

genähte Kleid nicht sehen. Dies hinderte ihn allerdings nicht daran, dessen herrliche Farbenpracht lautstark zu bewundern. Der Kaiser, wie unser Pfarrer, tat das, was er auf Grund seiner Stellung tun musste. Er verhielt sich so, dass er der geltenden Norm und damit den moralischen Erwartungen seiner Umgebung gerecht werden konnte. Deshalb gefiel er sich darin, das Kleid anzuziehen und sich darin vor dem Spiegel zu bewundern.

Das Komische am Verhalten des Kaisers war nur, dass es überhaupt nichts zum Anziehen gab. Die beiden Burschen hatten das prächtige Kleid nur erfunden, um ihre Hochstapelei nicht auffliegen zu lassen. Dies hätte beinahe auch zu einer perfekten Täuschung geführt, da kein Erwachsener in dem Kaiserreich bereit war, die eigene Unzulänglichkeit offen einzugestehen. Erst ein unschuldiges Kind setzte dem kollektiven Trug ein Ende, indem es während der Parade ausrief: »Der Kaiser ist ja nackt!«

Ich habe als Kind niemals gewagt, dem Pfarrer oder einer anderen Autoritätsperson die Wahrheit über meine Gedanken und Empfindungen zu sagen. Stattdessen ordnete ich mich lieber den Regeln unter als braver Schüler. Ich würde mich wahrscheinlich bis heute vor dem Tod, dem Himmel und der Hölle fürchten, wenn ich nicht den Mut zu neuen Erfahrungen entwickelt hätte.

Der Mut ist eine Eigenschaft, der durch Mutproben entsteht. Er hängt mit der Überwindung der Angst zusammen. Die Angst hält den Menschen von neuen Erfahrungen ab. Wenn man sie überwindet, bekommt man den Zugang zu neuen Bewusstseinssphären.

Die einschneidenden Mutproben während meiner ersten Schuljahre machte ich auf dem Weg zur Schule. Um Punkt 7.00 Uhr zur Frühmesse zu erscheinen, musste ich um 5.30 Uhr aufstehen und um 6.00 Uhr das Haus verlassen. Der vier Kilometer lange Fußmarsch zum Dorfkern, den ich zusammen mit einigen meiner Geschwister und manchmal auch anderen Kindern bewältigen musste, dauerte knapp eine Stunde. Er führte über einen schmalen Pfad, vorbei an den Wäldern und Bergwiesen. Vor allem im Winter, wenn es erst spät hell wurde, war jeder Schulweg ein kleines Abenteuer für sich.

Die Dunkelheit jagte uns Kindern ziemliche Angst ein. Deshalb führten wir immer eine kleine Petroleumlampe auf dem Weg zur Schule mit uns. Solange die Lampe brannte, hatte ich das Gefühl, sicher zu sein. Ging ihr Licht aus, fühlte ich mich unbehaglich und wagte es nicht, mich von der Stelle zu rühren.

Die Brenndauer der Lampe bestimmte maßgeblich den Ablauf unseres Schulweges. Wir wussten aus Erfahrung, dass das Petroleum niemals für den ganzen Fußmarsch reichen würde. Deshalb gingen wir anfangs recht schnell, ohne uns zu unterhalten, um so viel Wegstrecke wie nur möglich gutzumachen. Fing die Flamme leicht zu flattern an und drohte in Kürze auszugehen, mussten wir nach Verstärkung Ausschau halten. Deshalb legten wir an einer möglichst lichten Stelle eine Pause ein und warteten auf eine andere Gruppe von Schulkindern. Da diese einen kürzeren Schulweg hatten, war deren Lampe noch voll einsatzfähig, sodass wir bei Licht den Dorfkern erreichen konnten.

Obwohl alle aus unserer Gruppe wussten, warum wir an dieser Stelle Halt machten, wollte keiner offen darüber reden. Auch die Kinder aus der anderen Gruppe hatten genug Angst vor der Dunkelheit, um irgendwelche Anspielungen in diese Richtung zu machen. Stattdessen verhielten sich alle so, als ob wir uns zufällig getroffen hätten. Wir begrüßten uns und fingen sofort zu reden an. So gingen die Ängste, die jeder von uns in seinem Inneren trug, in einem lauten Gespräch unter.

Auch wenn unser Schulweg durch die Finsternis der rauen Bergschluchten führte, war es nicht die Naturlandschaft, vor der ich mich eigentlich fürchtete. Es waren vielmehr die Geschichten von den Menschen, die in dieser kargen, steilen Gegend lebten. Die größte Angst, die ich hatte, bestand darin, einer dieser Personen in der Dunkelheit zu begegnen. Erstaunlicherweise stellte ich mir gar nicht vor, was dabei passieren würde. Bereits die Vorahnung einer solchen Begegnung erfüllte mich mit so viel Unbehagen, dass ich nicht weiter daran zu denken wagte.

Unter anderem führte unser Marsch an einem ziemlich heruntergekommenen, allein stehenden Haus vorbei, in dem ein alter Schmied mit seinem Sohn lebte. Von dem Schmied hieß es im Dorf, dass er ein düsterer Mann sei und man sich vor ihm in Acht nehmen sollte. Kein Wunder, dass die Überwindung dieser Stelle für mich eine große Mutprobe bedeutete.

Je mehr wir uns dem Haus näherten, umso mehr Herzklopfen hatte ich. Bei jedem Rascheln der Bäume zuckte ich zusammen. Meine Schritte wurden schneller, und ich versuchte meinen Blick auf den kleinen Strahl der Petroleumlampe zu konzentrieren. Erst wenn wir das Haus hinter uns ließen, legte sich meine innere Anspannung langsam wieder.

Im Nachhinein betrachte ich das Vorbeigehen am Haus des Schmieds als meine erste Konzentrationsübung. Um die Angst zu überwinden, musste ich meine gesamte Energie zusammennehmen und sie auf einen Blickpunkt richten. Dadurch konnte ich unangenehme Gedanken und Gefühle für kurze Zeit aus meinem Bewusstsein verdrängen. Ich spürte in mir eine geistige Leere, die sich langsam mit Energie füllte.

In all den Jahren, in denen ich in der Frühe am Haus des Schmieds vorbeiging, bekam ich weder ihn noch seinen Sohn zu sehen. Erst als ich in der Musikkapelle unseres Dorfes mitspielte und wir häufig öffentlich auftraten, machte ich die Bekanntschaft der beiden. Dabei stellte sich heraus, dass der alte Schmied ein schweigsamer, aber im Inneren seines Herzens heiterer Mensch war. Sein Sohn war sogar regelrecht lustig und hatte mit dem Trübsalblasen nichts im Sinn.

Natürlich bestand mein alltäglicher Marsch in die Schule nicht nur aus Furcht erregenden Begebenheiten. Er hatte auch angenehme Seiten, an die ich mich bis heute gerne erinnere. Eine davon ist die behagliche Wohnstube der alten Frau Bergmann, deren kleines Haus kurz vor dem Ortseingang stand. Darin durften wir uns immer aufwärmen, wenn wir von der Winterkälte zu stark durchgefroren waren.

Insgesamt wirkten sich die Erlebnisse des Schulwegs und die damit verbundenen Konzentrationsübungen positiv auf meine schulischen Leistungen aus. Ich konnte den Lehrstoff bereits durch das Zuhören recht gut aufnehmen. So bekam ich in der Regel auch gute Noten, ohne dafür viel an Hausaufgaben machen zu müssen.

Meine ausgeprägte Merkfähigkeit und die positive Ausstrahlung meiner Augen brachten mir in der zweiten Klasse eine besondere Ehre ein. Ich wurde zusammen mit einer Klassenkameradin vom Schulleiter auserkoren, anlässlich des Dorfbesuchs des damaligen Landeshauptmanns Wallnöfer ein Gedicht vorzutragen. Ein Landeshauptmann entspricht in Deutschland dem Amt eines Ministerpräsidenten. Ihm die Hand zu schütteln war für die Bewohner eines kleinen Bergdorfs eine hohe Auszeichnung.

Ich kann mich heute nicht mehr an den Titel des Gedichts erinnern, das wir vor dem Landeshauptmann aufsagen mussten. Ich weiß nur, dass er mit der Darbietung recht zufrieden zu sein schien. Auf jeden Fall kam er lächelnd auf uns zu, schüttelte uns die Hand und sagte: »Das habt ihr aber schön gemacht.« Anschließend setzte er seinen Rundgang durch das Dorf fort, während meine Klassenkameradin und ich die neidischen Blicke unserer Mitschüler genossen.

Die guten Erfahrungen mit meinem ersten »öffentlichen« Auftritt haben nicht nur meinen Stolz, sondern auch mein Selbstbewusstsein gestärkt. Ich fing an, mich auch in Anwesenheit von Erwachsenen positiv in Szene zu setzen. Dies bestand vor allem darin, dass ich lustige Anmerkungen über andere machte, ohne sie dabei zu verletzen. So fühlten sie sich geschmeichelt und hielten sich gerne in meiner Nähe auf.

Diese Art von sozialer Anerkennung war für mich das Gegengewicht zu unseren materiellen Verhältnissen. Seitdem ich zur Schule ging und immer mehr Kontakt mit anderen Kindern im Dorf hatte, merkte ich, dass nicht alle Bauern unserer Gemeinde ihr tägliches Brot so schwer verdienen mussten wie meine Eltern. Ich lernte sogar Familien kennen, denen es ausgesprochen gut ging.

Ich hatte mich niemals wegen der bescheidenen Lebensweise meiner Familie geschämt. Doch das Fehlen von notwendigen Gebrauchsgütern war für mich einfach beschwerlich. Der Fußweg zur Schule erforderte zum Beispiel ein gutes Schuhwerk. Ich hatte aber bis zu meinem achten Lebensjahr keine eigenen Stiefel.

Im Winter, wenn der Schnee gefallen war, musste ich die viel zu großen Stiefel des Vaters anziehen, um in die Schule zu kommen. Ähnlich verhielt es sich mit anderen Bekleidungsstücken. Sie wurden mir von meinen älteren Geschwistern geliehen oder vererbt. Meine eigenen Kleidungsstücke gingen an meine jüngeren Geschwister weiter.

Meine Familie war schon immer auf das Teilen angewiesen, um mit dem Leben in der kargen Berglandschaft fertig zu werden. Diese Einstellung kennzeichnete aber auch unsere gesamte Gegend. Trotz der materiellen Unterschiede hielt das ganze Dorf zusammen. Das Statusdenken oder gar die soziale Abgrenzung, die für das Leben in der Stadt charakteristisch ist, waren den besser gestellten Familien unserer Gemeinde in der Regel fremd. Auch wenn jemand sich ein besseres Leben leisten konnte, ging er nicht auf Distanz zu anderen. Meistens versuchte er sogar, seinen Wohlstand in den Dienst der Gemeinschaft zu stellen.

So war es selbstverständlich, dass der wohlhabendste Bauer unseres Dorfes, der einen VW Käfer besaß, einmal pro Woche in einen entlegenen, aber preiswerten Großmarkt fuhr, um gleichzeitig auch für andere Bauernfamilien einzukaufen. Ich musste häufig zu seinem großen Haus hinunterlaufen, um ihm den Einkaufszettel meiner Mutter zu überreichen. Mit einem weiteren großen Haus im Tal verbinde ich ein anderes Gemeinschaftserlebnis. Dieses macht besonders deutlich, wie in Außervillgraten die Dorfgemeinschaft von Reich und Arm funktionierte.

Der Vater von meinem Schulfreund Hans war sehr

wohlhabend. Er besaß eine große Landwirtschaft und konnte sich einiges leisten. Als einer der Ersten im Dorf kaufte er sich einen Schwarzweißfernseher. Für die damaligen Verhältnisse war dies eine echte Neuigkeit.

Nachdem sich die Nachricht im Dorf verbreitet hatte und der Großbauer von jedem darauf angesprochen wurde, blieb ihm nichts anderes übrig, als die Neugierigen zu einem Fernsehbesuch einzuladen. Daraus entstand ein fester Brauch, sodass der gute Mann kaum einen Abend mehr alleine verbringen konnte.

Ich erinnere mich, wie ich einmal mit über 20 anderen Schulfreunden in der Wohnstube von Hans' Eltern vor dem Fernseher saß. Wir schauten uns alle einen Wildwestfilm an. Nicht die Knallerei faszinierte mich. Nein, es waren die Pferde und die Gegend, die im Film gezeigt wurden, an denen ich mich nicht satt sehen konnte. Es war Samstagabend und ein herrlicher Sommertag. Obwohl ich auch am Wochenende vor Einbruch der Dunkelheit zu Hause sein musste, machten der flimmernde Apparat und die gute Stimmung im Raum meinen Vorsatz zunichte. Erst kurz nach Mitternacht kam ich auf unserem Bauernhof an und wurde von meiner Mutter schon erwartet. Es gab ermahnende Worte, und mit dem Finger zeigte sie auf die Holzrute. Um ihrer Erziehungsaufgabe nachzukommen, hatte meine Mutter immer eine Rute zur Hand, die für alle sichtbar an der Wand in der Essküche hing und die eigentlich nur zur Abschreckung diente.

Die Vorstellungen meiner Eltern über begangene Lausbubenstreiche waren unterschiedlich. Mein Vater, der andere Dinge auf dem Hof zu tun hatte, als unseren »Straftaten« nachzugehen, war recht nachsichtig. Er und ich waren immer dicke Kumpel. Die Mutter hingegen hatte alle

Hände voll zu tun bei neun Kindern. Wir alle waren ja brave Kinder, nur die Hausordnung war für uns Energiebündel nicht einfach einzuhalten, weil der Spieltrieb zeitweise zu übermächtig war. Und dabei gingen so einige Gegenstände kaputt, was uns Kindern manches Ohrenlangziehen einbrachte, sowohl vom Vater als auch von der Mutter.

Im Unterschied zum Vater mochte die Mutter derartige Strafaktionen gar nicht. Nachdem sie einen von uns wieder einmal ernstlich ermahnt hatte, wirkte sie anschließend nicht besonders glücklich, so als hätte sie irgendwie ein schlechtes Gewissen. Deshalb bemühte sie sich in den nächsten Tagen, besonders freundlich zu sein. So profitierten alle davon, wenn sich einer von uns danebenbenommen hatte.

Nach einer größeren Ermahnung unserer Mutter hatte ich zusammen mit zwei meiner Geschwister vor, die Rute abzuhängen und zu verbrennen. Wir hatten auch schon einen genauen Plan gefasst, wie wir unser Vorhaben unauffällig verwirklichen könnten. Doch die Befürchtung einer noch größeren Strafe, vor allem aber der tiefe Respekt von unserer Mutter hielten uns letztendlich davon ab, den Plan in die Tat umzusetzen.

Die Rute zu verbrennen wäre sicherlich eine besondere Mutprobe gewesen. Sie hätte aber auch das Vertrauensverhältnis zu unserer Mutter erschüttert. Wir Kinder wollten das Risiko, von der Mutter erwischt zu werden, lieber doch nicht eingehen. So blieb die Rute weiterhin an der Wand hängen und gab unserer Mutter das Gefühl, die Streichgelüste ihrer Kinder in Schach halten zu können.

Nachdem wir unseren Plan aufgegeben hatten, machte die Rute auf mich keinen besonders bedrohlichen Eindruck mehr. Dies war auf den ersten Blick erstaunlich, da sich äußerlich nichts verändert hatte. In meinem Bewusstsein vollzog sich aber eine bedeutende Wandlung. Die Rute erschien mir plötzlich nicht nur als Strafinstrument. Sie war gleichzeitig Ausdruck einer tiefen Zuneigung, die unsere Mutter für uns empfand.

Obgleich ich um die Liebe meiner Eltern zu mir wusste, hielt dieses Wissen mich nicht davon ab, ihre Zuneigung auf eine harte Probe zu stellen. Im Unterschied zur Schule und Kirche, wo ich mich in der Regel brav verhielt, war unser Bauernhof für mich das Reich der Freiheit. Hier konnte ich meiner Erlebnislust mehr oder weniger unbeschwert nachgehen. Deswegen stieß ich mir hier immer wieder eine blutige Nase und fügte den Eltern den einen oder anderen materiellen Schaden zu.

Besonders schmerzlich für mich und die ganze Familie waren meine ersten Versuche mit dem Skilaufen. Mitte der Sechzigerjahre gab es auf unserem Bauernhof nur ein Paar alte Holzskier, die von meinem Vater und meinen älteren Geschwistern benutzt wurden. Im Winter, wenn die Landschaft mit einer dicken Schneeschicht bedeckt war, stellten die Skier ein wichtiges Fortbewegungsmittel dar. Der Weg zum Dorfkern konnte mit ihnen viermal schneller als zu Fuß bewältigt werden.

Als ich einmal recht früh von der Schule nach Hause kam, verlockte mich das schöne Wetter, im Freien zu spielen. Draußen war phantastisches Winterwetter mit klirrender Kälte, blauem Himmel und strahlendem Sonnenschein. Ich ging auf den Hof und sah die Skier gegen die Hauswand gelehnt. Ohne groß zu überlegen, packte ich sie auf die Schultern und kletterte auf den Hügel vor unserem Hof.

Nach etwa 50 Metern Aufstieg erschien mir das Gefälle ausreichend. Ich schnallte mir die Skier unter meine alten Schuhe und sauste herunter. Die Abfahrt war herrlich und katastrophal zugleich. Sie endete an der Hauswand unseres Hofs, gegen die ich mit der Wucht der vollen Fahrtgeschwindigkeit prallte.

Glücklicherweise kamen durch den Aufprall nur die beiden Skier zu Bruch. Abgesehen von kleinen Blessuren, blieben meine Knochen und Gelenke heil. Ich verspürte auch keine besonderen Schmerzen. So hatte ich die Möglichkeit, nüchtern über die Konsequenzen meiner Abenteuerlust nachzudenken.

Die Vorstellung, dass ich ein wichtiges Wirtschaftsgut der Familie zerstört hatte, jagte mir einen großen Schrecken ein. Ich wollte die Tat am liebsten ungeschehen machen. Deshalb nahm ich die Skier und verstaute sie auf dem Speicher. Dann ging ich in die Stube und widmete mich mit schlechtem Gewissen den Hausaufgaben.

Als mein Vater am nächsten Tag nach den Skiern fragte, stellte ich mich dumm. Da ich gar nicht Ski laufen konnte, blieb ich außer Verdacht. Mein Vater bekam einen fürchterlichen Wutanfall, als er kurze Zeit später die zerstörten Skier auf dem Speicher fand. Da aber alle Kinder ihre Unschuld beteuerten, musste er sich damit abfinden, die Tat ungesühnt zu lassen.

Nicht unentdeckt blieben dagegen viele andere Folgen meines unermüdlichen Tatendrangs. Vor allem, wenn es um Kampf und Gerechtigkeit ging, schlugen meine und die Phantasie meiner Spielkameraden gelegentlich Purzelbäume. Als wir im Fernsehen »Robin Hood« sahen, wurden Pfeil und Bogen zu einem beliebten Spielzeug, mit dem wir häufig nicht besonders sorgsam umgingen. Eine noch größere Spielfreude lösten bei uns die Western und Cowboyserien aus, die damals regelmäßig über den Bildschirm liefen.

Als echter Cowboy brauchte ich natürlich einen Colt. Da ich kein Geld hatte, um mir ein geeignetes Spielzeug zu kaufen, musste ich mir auf andere Weise helfen. Ich ging in den Wald, suchte dort nach einem abgebrochenen Baumast und schnitzte mir daraus eine Revolverform. Mit einem Nagel als Abzug und einer Drahtschlaufe sah meine Waffe auch ziemlich passabel aus.

Einen Colt nackt in den Hosenbund zu stecken war aber nicht Cowboy-like. Deshalb beschloss ich, mir einen Halfter zurechtzuschneidern. Ich ging auf den Speicher und fand dort ein großes Stück Leder, das für meine Zwecke ideal war. Ich schnitt es in die passende Form und faltete es dann doppelt übereinander, bohrte entlang des Saumes mit einer glühenden Nadel kleine Löcher hinein und verband diese mit einem Faden. In die eine Seite des so zusammengebundenen Leders stanzte ich zwei größere Löcher, durch die ich eine Schlaufe zog. Mithilfe dieser Schlaufe konnte ich das Halfter an meinem Gurt befestigen und meinen Holzrevolver hineinstecken.

Ich war mit dem Ergebnis meiner handwerklichen Fertigkeiten sehr zufrieden. Meine Freude dauerte allerdings nicht allzu lange. Bereits einige Stunden später stellte mich mein Vater zur Rede.

Mein Entsetzen war groß, als ich erfuhr, dass aus dem Leder ein Paar Schuhe und Stiefel angefertigt werden sollten. Mein Vater hatte vor Monaten eine Kuh geschlachtet, die Haut zum Gerber gegeben und das Fleisch an den Metzger verkauft. Das Geld war vor allem für die Anfertigung der Stiefel bestimmt. Nun war das Leder, das mein

Vater einige Tage vorher aus der Gerberei abgeholt hatte, so zerschnitten, dass der Schuster damit nichts mehr anfangen konnte. So durfte ich nicht nur die Rutenhiebe auf meinem Hintern spüren, sondern musste auch einige Monate länger auf meine ersten eigenen Stiefel warten.

Im Laufe der Jahre verlagerten sich meine Freizeitaktivitäten von unserem Bauernhof auf das Gemeinschaftsleben im Dorf. Als ich zwölf Jahre war, konzentrierte sich meine Aufmerksamkeit auf zwei Bereiche. Der eine war das Skifahren, das trotz des brisanten Unfalls am Haushang meine bevorzugte Sportart geworden war, der andere war die Musik, die mir neue Möglichkeiten sozialer Kontakte eröffnete.

Mit 13 Jahren bekam ich meine ersten eigenen Skier. Damals begeisterte sich ganz Österreich an den Erfolgen seiner Skifahrer. Auch ich träumte davon, bei den Olympischen Spielen oder Weltmeisterschaften auf dem höchsten Treppchen zu stehen und unsere Nationalhymne zu hören. Dafür war ich gerne bereit, mich mit vollem Risiko in jede Abfahrt zu stürzen.

Meine Skifahrerkarriere war steil und kurz. Bereits in der ersten Saison gelang es mir, einen Startplatz bei den Cupmeisterschaften zu erringen. Ein Jahr später gehörte ich zu den Besten unserer Region. Doch dann kam auch gleich der erste Rückschlag.

Ich startete bei einem großen Rennen und wollte auf jeden Fall gewinnen. Trotz voller Konzentration verlor ich bei einer zu schnellen Fahrt die Kontrolle, prallte mit der Körperseite auf der harten Piste auf und überschlug mich einige Male. Da sich meine Skibindungen rechtzeitig geöffnet hatten, blieben meine Knochen unverletzt. Doch im Inneren verspürte ich einen starken Schmerz, der mich beim Atmen und Reden behinderte.

Ich wurde sofort in das Kreiskrankenhaus gebracht. Dort stellten die Ärzte fest, dass eine meiner Nieren bei dem Aufprall beschädigt worden war. Obwohl ich nach einigen Tagen die Klinik verlassen konnte, hat sich meine Niere nie wieder von dem Unfall erholt. Sie wurde mir acht Jahre später operativ entfernt.

Auf meinen Ehrgeiz, ein großer Skifahrer zu werden, hatte der Unfall keinen Einfluss. Bereits einige Wochen später nahm ich das Training wieder auf, zusätzlich angestachelt von zwei meiner Skikameraden, mit denen ich mich auch außerhalb der Piste hervorragend verstand. Wir drei waren im ganzen Dorf als die »Jungen Wilden« bekannt.

Meine beiden Kameraden hießen Franz und Reinhold. Nach dem gemeinsamen Training saßen wir häufig zusammen und sprachen über unsere sportliche Zukunft. Unser Traum war es, in ein Skigymnasium aufgenommen zu werden, um täglich trainieren zu können. Doch dafür mussten wir zuerst einiges leisten.

Als wir bei den Cupmeisterschaften die ersten drei Plätze gewonnen hatten, war die Gelegenheit günstig. Der Trainer aus dem Skigymnasium in Stams, der das Rennen beobachtet hatte, bot uns an, mit unseren Eltern über die Aufnahme in das angeschlossene Schulinternat zu sprechen. Doch als ich meinem Vater davon erzählte, winkte er ab. Er hatte nicht die notwendigen finanziellen Mittel, um den Internatsaufenthalt bezahlen zu können.

Ich konnte meinen Vater zwar gut verstehen, trotzdem war ich zutiefst enttäuscht und beschloss, möglichst bald nicht mehr auf das Geld meiner Eltern angewiesen zu sein. Ich wollte aus eigener Kraft etwas werden, um das mich die anderen beneiden sollten. So wurde ich noch entschlossener, als Skifahrer erfolgreich zu sein.

Das endgültige Aus meiner Skifahrerkarriere kam 1974. Ich stürzte bei einer gewagten Abfahrt sehr schwer, sodass alle Kreuzbänder im Knie gerissen waren. Danach stand fest, dass das Gelenk nie wieder die volle Funktionsfähigkeit erreichen würde, die für den Hochleistungssport erforderlich ist. So blieb mir nichts anderes übrig, als meine Zukunftsgedanken in eine neue Richtung zu lenken. Doch wohin die Reise gehen sollte, wusste ich zum damaligen Zeitpunkt noch nicht. Denn alles, was mir unsere Dorfgemeinschaft bot, war zwar angenehm, eröffnete mir aber keine weiterführende Perspektive. Dies betraf sowohl den Beruf als auch die Freizeitaktivitäten.

Etwa zur gleichen Zeit, als ich meinen ersten Skiunfall erlitt, trat ich der Blaskapelle unserer örtlichen Feuerwehr bei. Mit ausschlaggebend dafür war die Tatsache, dass alle Mitglieder der Musikkapelle schöne Trachtenanzüge bekamen, die bei jedem feierlichen Anlass getragen wurden. Mir einen solchen Anzug zu kaufen, hätten sich meine Eltern niemals leisten können. So lernte ich fleißig Querflöte und Klarinette spielen, um mir den Anspruch auf exklusive Bekleidung möglichst lange zu erhalten.

Im Unterschied zum Skifahren, das ich mit großer Leidenschaft betrieb, war meine Zuneigung zur Musik recht stark durch pragmatische Überlegungen beeinflusst. Neben dem materiellen Vorteil der Kleidung war die Zugehörigkeit zu einer Musikgemeinschaft mit zwischenmenschlichen Annehmlichkeiten verbunden. Eines dieser Privilegien bestand darin, dass man sich abends nach der Probe in einer öffentlichen Gaststätte aufhalten durfte. Ein weiteres Privileg betraf das andere Geschlecht. Durch gemeinsames Musizieren und öffentliche Auftritte war es für einen Jungen erheblich einfacher, Kontakt mit gleichaltrigen Mädchen aufzunehmen. So war es nur folgerichtig, dass ich kurz nach dem Eintritt in die Blaskapelle auch Mitglied im Männergesangverein unseres Dorfes wurde.

Ich war damals gerade 14 Jahre alt und eine echte Stimmungskanone. Wo ich mich aufhielt, herrschte Fröhlichkeit. Mit meinen witzigen Bemerkungen konnte ich eine ganze Gesellschaft unterhalten. Ich wirkte auch friedfertig auf andere, wenn sich die Gemüter zu stark erhitzten.

Das öffentliche Leben unserer Gemeinde spielte sich hauptsächlich im Gasthof »Perfler« ab. Hier kamen wir auch nach den Musikproben zusammen. Für die Neuzugänge war der erste gemeinsame Gaststättenbesuch mit einer Feuertaufe verbunden. Sie bekamen von den älteren Mitgliedern alkoholische Getränke spendiert und mussten dabei ihre Trinkfestigkeit beweisen.

Auf Grund meiner robusten Statur gehörte ich von Anfang an zu den Trinkfesteren unserer Kapelle. Noch wichtiger als die körperliche Verfassung war jedoch die Tatsache, dass ich mich gerne mit Bier zufrieden gab. So war das Ergebnis meiner Feuertaufe verhältnismäßig harmlos. Mein Kopf drehte sich zwar ziemlich heftig, und ich brauchte eine Stunde länger als sonst, um in der Dunkelheit nach Hause zu kommen, aber anderen erging es dabei erheblich schlechter.

Nachdem ein Kollege von mir nach dem Konsum etlicher Whisky-Cola bei seiner Feuertaufe mit einer Alkoholvergiftung zum Arzt gebracht werden musste, versuchte ich zu viel Alkohol zu vermeiden. Angesichts des herrschenden Gruppenzwangs war es mir allerdings nicht immer möglich, ganz darauf zu verzichten. Doch im Großen und Ganzen hatte ich mit dem Trinken keine Probleme.

Im Unterschied zum Alkohol waren meine ersten Annäherungsversuche an die weibliche Welt erheblich komplizierter. Auf Grund meiner strahlend blauen Augen und heiteren Natur übte ich zwar als Jugendlicher eine gewisse Anziehungskraft auf die Mädchen aus, sodass sie mehr oder weniger zufällig meine Nähe suchten. Ich konnte mit dieser Nähe aber nichts anfangen. Vor allem in Situationen, in denen ich mich mit einem Mädel allein unterhalten musste, trieb es mir die Schweißperlen auf die Stirn.

Ein Gespräch mit einer Frau unter vier Augen war für mich eine größere Mutprobe als alle bisherigen Herausforderungen. Dabei halfen mir auch keine Konzentrationsübungen. Denn je mehr ich meine innere Energie zu bündeln versuchte, desto gehemmter fühlte ich mich in meinem Reden. Vermochte genügende Konzentration die Angst vor Geistergeschichten zu überwinden oder eine gewagte Abfahrt auf einer steilen Skipiste zu meistern, beim Flirten war sie nicht zu gebrauchen.

Da ich nicht wusste, wie ich mit Mädchen, die mir gefielen, reden sollte, konzentrierte ich mich auf die wortlose Kommunikation. Diese bestand vor allem aus dem Körperkontakt, der sich bei unterschiedlichen Gemeinschaftsanlässen wie zufällig ergab. Ich erinnere mich heute noch an ein hübsches rothaariges Mädchen, mit dem mich eine der erotischsten Begegnungen meiner frühen Jugend verbindet. Anlässlich einer Sommerkonzertaufführung standen wir etwa eine halbe Stunde schweigend nebeneinander, während sich unsere Ellbogen leicht berührten. Das Herz klopfte, der Puls raste, ich war sprachlos vor Glück.

In den letzten beiden Jahren meiner Schulzeit war ich so oft verliebt, dass ich mich nicht mehr an alle Mädchennamen erinnern kann. Allerdings erinnere ich ganz genau, was mein Interesse am anderen Geschlecht zur Folge hatte.

Meine schulischen Leistungen gingen nicht mehr über den Durchschnitt hinaus, zumal ich kaum noch Zeit für Hausaufgaben hatte. Daran war auch meine Schultasche mitschuldig.

Da meine Schultasche von Jahr zu Jahr schwerer wurde, verlor ich irgendwann die Lust, sie mit nach Hause zu schleppen. Warum sollte ich die unbequeme Last hin- und zurücktragen, wo ich doch daheim kaum zum Lernen kam, dachte ich mir. Also schmiss ich die Schultasche eines Nachmittags auf dem Nachhauseweg hinter ein Gebüsch neben der alten Holzsäge am Dorfrand, wo sie bis zum nächsten Morgen in Frieden ruhen konnte. Dieser Befreiungsschlag machte es mir möglich, meinen Weg zur Schule etwa 10 Minuten schneller zu bewältigen. Die eingesparte Zeit nutzte ich, um kurz vor dem Messe- und Unterrichtsbeginn die wichtigsten Hausaufgaben notdürftig zu erledigen.

Ich konnte das Ende meiner regulären Schulzeit kaum noch abwarten. Da ich im Unterricht keinen großen Sinn mehr sah, hätte ich am liebsten vorzeitig die Schule verlassen. Dies gelang mir auch tatsächlich, ohne mein Abschlusszeugnis zu gefährden. Da die Ernte bevorstand, reichte mein Vater bei dem Schulleiter ein Schreiben ein mit der Bitte, mich für diesen Zweck vom Unterricht zu befreien. Dieser stimmte zu, sodass ich am 25. Juni 1973 und damit zehn Tage vor dem offiziellen Ende des Schuljahres meine staatliche Schulausbildung beenden konnte.

Nun stand ich da mit einem Grundschulzeugnis, aber ohne konkrete Vorstellungen über meinen weiteren Werdegang. Im Umkreis von 30 Kilometern eine feste Beschäftigung oder gar eine Lehrstelle zu bekommen war ziemlich aussichtslos. Um woandershin zu ziehen, fehlte das Geld.

So blieb ich das erste Jahr nach der Schule zu Hause und arbeitete auf dem Bauernhof meiner Eltern mit. Dies brachte mir zwar kein Geld ein, aber ich konnte meine Jugend richtig ausleben. Ich musizierte, suchte Kontakt zu Mädchen und traf mich regelmäßig mit meinen Kameraden im Gasthaus. Hinzu kam, dass mein Traum von der Skifahrerkarriere noch nicht ausgeträumt war und ich viel Zeit im Winter auf der Piste verbrachte.

Die Wochen und Monate vergingen, ohne dass sich mir irgendwelche Perspektiven eröffneten. Der Schock des Skiunfalls tat das Übrige. So konnte es nicht weitergehen, dachte ich plötzlich. Ich musste es irgendwie schaffen, mich auf eigene Füße zu stellen.

Gerade zu dieser Zeit, im August 1975, traf ich nach dem Kirchgang am Sonntag meinen ehemaligen Schulkameraden Hans. Auch er war 17 Jahre alt und bei seinen Eltern auf dem Bauernhof tätig. Nach einer kurzen Begrüßung erzählte er mir, dass er von einem Stellenangebot in Innsbruck mit freier Kost und Logis gelesen hatte. Es handelte sich dabei um eine leichte Außendiensttätigkeit, die auch zu Fuß ausgeführt werden konnte.

Mein Schulkamerad war entschlossen, die nächsten Tage nach Innsbruck zu reisen, und fragte mich, ob ich nicht mitkommen wollte. Das Angebot war so verlockend, dass ich sofort zustimmte. Ich ging nach Hause, um mir das Geld für die Zugreise zu borgen. Nachdem mein Vater gehört hatte, ich könnte eine Stelle bekommen, händigte er mir das Geld aus.

In Innsbruck angekommen, gingen wir zu der angezeigten Adresse. Es handelte sich um ein etwas abgelegenes Einfamilienhaus, an dem auch ein größeres Firmenschild aus Blech hing. Ein Mann im Anzug kam heraus und führte uns in seinen Arbeitsraum. Anschließend zeigte uns die Haushälterin ein Kellerzimmer mit zwei Betten, wo wir unsere Sachen unterbringen konnten.

Unser Job war recht einfach. Wir sollten Zeitschriftenabonnements an der Haustür verkaufen. Der Mann erklärte uns kurz, wie wir vorgehen sollten und wie ein Bestellformular auszufüllen war. Anschließend bekam jeder von uns einen Stadtplan von Innsbruck und eine Tragetasche voll mit Zeitschriften, die wir als Ansichtsexemplare den künftigen Abonnenten zeigen sollten.

Als wir das Haus verließen, fühlten wir uns noch ziemlich stark. Wir waren zwei nette, gut aussehende Burschen, die auch auf Städter sympathisch wirken konnten. Natürlich hatten wir etwas Angst davor, an fremden Türen zu klingeln und fremde Menschen anzusprechen. Doch wir sagten uns, dass die Welt den Mutigen gehöre, und machten uns auf den Weg in die Innenstadt.

Zehn Minuten später war von unserer Entschlossenheit nichts mehr zu spüren. Nachdem wir uns auf eine Bank gesetzt hatten, um den Stadtplan zu studieren, warfen wir einen Blick auf die Zeitschriften in den Tragetaschen. Titel wie »Praline« oder »Wochenend« sprangen uns ins Gesicht. Auf jeder Titelseite war eine barbusige Frau abgebildet. Im Inneren des Blattes ließen die Frauen noch mehr Hüllen fallen.

Wir beide schauten uns an und wurden puterrot. Ich hatte bis dahin noch nie eine Sexzeitschrift durchgeblättert. Die Erfahrungen meines Kollegen auf diesem Gebiet schienen ebenso gering zu sein. So saßen wir voller Schamgefühl auf der Bank und starrten uns sprachlos an.

Es war klar, dass wir es niemals wagen würden, einen fremden Menschen auf eine solche Zeitschrift anzusprechen. Wir standen spontan auf, warfen die Tragetaschen mit ihrem Inhalt hinter ein Gebüsch und gingen weg. Doch wir hatten ein Problem. Wie bekamen wir unsere Sachen aus dem Haus unseres vermeintlichen Arbeitgebers wieder heraus?

Zum Glück war die Sache einfacher, als wir dachten. Nachdem wir uns vorsichtig dem Haus genähert hatten, stellten wir fest, dass der Besitzer fortgefahren war. Sein Auto stand nicht mehr vor der Garage. Also nahmen wir unseren ganzen Mut zusammen und klingelten.

Die Haushälterin öffnete die Tür und schaute uns fragend an. Ich beeilte mich zu sagen, dass wir schon gut verkauft hätten und uns jetzt gerne ein paar Minuten ausruhen würden. Ohne Verdacht zu schöpfen, ließ sie uns in unser Kellerzimmer und zog sich in die Küche zurück.

Wir packten unser Bündel und schlichen wieder die Treppe hinauf. Die Küche lag direkt neben dem Ausgang. Die Haushälterin war jedoch so mit der Essenszubereitung beschäftigt, dass sie nicht bemerkte, wie wir die Haustür öffneten und leise hinter uns schlossen. Nachdem wir uns auf Zehenspitzen bis zum Gartentor geschlichen hatten, fingen wir an zu rennen.

Ich glaube nicht, dass ich in meinem Leben schon mal so lange und so schnell gelaufen war. Am liebsten hätten wir den Bahnhof angesteuert, um den nächsten Zug Richtung Heimat zu nehmen. Doch wir hatten kein Geld für die Rückfahrkarte. Wir hatten Hunger und Durst und waren in einer fremden Stadt ohne Geld und ohne Dach über dem Kopf. Unsere letzte Rettung war die Arbeitsvermittlung. Da wir unsere Stadtpläne nicht fortgeworfen hatten, fanden wir leicht den Weg dahin.

Wieder schienen wir Glück zu haben. Auf einer nahe gelegenen Baustelle wurden Hilfsarbeiter gesucht. Wir gingen dahin und konnten sofort anfangen. Wir durften auch in der Baubaracke auf Pritschen schlafen.

Die Arbeit auf der Baustelle war nicht nur körperlich schwer, sondern auch seelisch grausam. Wir wurden von Kollegen auf Schritt und Tritt als Dörfler verhöhnt. Doch dies berührte uns nicht allzu stark. Wir dachten nur an das Geld und daran, bald wieder nach Hause fahren zu können.

Es hatte vier Tage gedauert, bis das verdiente Geld für die Fahrkarte reichte. Dann aber hielt uns nichts mehr in Innsbruck zurück. Direkt nachdem uns der Lohn ausgehändigt wurde, sausten wir zum Bahnhof und nahmen den ersten Zug Richtung Heimat.

Als ich zu Hause ankam, war meine ganze Familie froh, mich gesund wieder zu sehen. Für mich selbst war es recht unangenehm, meinem Vater erklären zu müssen, warum es mit der Arbeitsstelle nicht geklappt hatte. Natürlich erfuhr er nicht die Wahrheit. Stattdessen erzählte ich, dass das Leben in Innsbruck so teuer und der Verdienst so gering war, dass es sich nicht lohnte, dort zu bleiben. Damit hatte ich auch den Grund geliefert, warum ich das geliehene Geld für die Fahrkarte nicht sofort zurückzahlen konnte.

Mein Vater schien meine Erklärung zu akzeptieren, und ich durfte meine Arbeit auf dem Bauernhof wieder aufnehmen. Doch mein Entschluss stand fest. Bei der nächsten sich bietenden Gelegenheit würde ich wieder versuchen, mein Glück in der Ferne zu finden.

Die Neugierde auf die unsichtbare Energie (1977–1986)

Trotz vieler Peinlichkeiten und Enttäuschungen hatte mich der kurze Ausflug nach Innsbruck auf die Welt außerhalb unseres Dorfes neugierig gemacht. Die Neugierde speiste sich vor allem aus dem Gefühl des eigenen Unwissens. Ich spürte, dass es noch so viele Dinge gab, von denen ich keine Ahnung hatte. Damit war auch der Wunsch verbunden, nach neuen Erfahrungen Ausschau zu halten.

Das Gefühl des eigenen Unwissens kann auf einen Menschen zwei ganz entgegengesetzte Wirkungen haben. Dies hängt davon ab, ob es sich dabei um eine ängstliche oder um eine mutige Person handelt. Den Ängstlichen veranlasst seine Unwissenheit, sich noch fester an das Gewohnte zu klammern. Für den Mutigen ist sie dagegen ein Ansporn, seinen Horizont zu erweitern.

Solange es sich nicht um Mädchen handelte, kannte mein Mut keine Grenzen. Ich wollte so schnell wie möglich wieder ausbrechen und eine neue Arbeit ausprobieren, die mir aber diesmal Geld einbringen sollte. So suchte ich Kontakt zu Menschen, die sich außerhalb des Dorfes auskannten. Die Gelegenheit dazu ergab sich recht schnell.

Zur damaligen Zeit war ich oft mit meinem ehemaligen

Schulfreund Hans unterwegs. Mit ihm traf ich mich auch häufig im Gasthaus, wo wir am liebsten über unsere Zukunftspläne sprachen. Hans hatte einen Onkel, der als Postbusfahrer durch ganz Österreich unterwegs war. Er hieß Michael und wirkte auf uns wie ein Mann von Welt.

Als Michael erfuhr, dass wir nach einer auswärtigen Beschäftigungsmöglichkeit suchten, versprach er uns, sich umzuhören. Schon eine Woche später bekamen wir von ihm eine Nachricht. Anlässlich der beginnenden Wintersaison waren in Tirol bei Skiliftbetrieben einige Stellen frei.

Eine solche Chance bot sich nicht alle Tage. Deshalb stand unser Entschluss fest. Wir wollten sofort nach St. Anton aufbrechen, wo nach Auskunft von Michael besonders dringend Saisonarbeiter gesucht wurden. Diesmal war auch die Hinfahrt unproblematisch. Michael versprach, uns auf seiner nächsten Route dorthin umsonst mitzunehmen.

Wir traten die Reise zu dritt an. Neben Hans und mir war noch mein Cousin Alois mit dabei. Hans stieg in Landeck aus, wo sein Onkel Michael wohnte.

Mein Cousin und ich reisten rechtzeitig in St. Anton an und bekamen die Jobs. Alois sollte beim Schlepplift den Gästen die Bügel reichen. Ich musste mich zuerst einer kleinen Prüfung unterziehen.

Als die Skiliftbetreiber erfuhren, dass ich bis zu meinem Unfall Skirennen gefahren war, besprachen sie sich kurz. Danach bekam ich passende Skischuhe und Skier in die Hand gedrückt und musste mit zwei Skilehrern auf die Bergstation fahren. Von dort ging es im rasanten Tempo bergabwärts. Dabei ließen mich die Skilehrer vorfahren, um mein fahrerisches Können begutachten zu können.

Auf der Mittelstation verschwanden die beiden für

kurze Zeit hinter dem Gebäude. Als sie zurückkamen, führten sie einen Ackja mit sich. Einer von ihnen fragte mich, ob ich damit schon mal gefahren sei. Ich verneinte, meinte aber, es könne nicht allzu schwer sein. Es käme auf den Versuch an, entgegnete er. Ich übernahm den Platz an den hinteren Griffen, und wir fuhren los. Unten angekommen, war die Sache klar. Man bot mir an, die ganze Saison als Ackjafahrer zu arbeiten.

Etwas Besseres hätte mir eigentlich nicht passieren können. Das jahrelange Skitraining hatte sich doch irgendwie rentiert. Der Lohn war zwar bescheiden, aber er reichte, um abends in ein Gasthaus zu gehen und sogar ein paar Schillinge zu sparen. So war ich mit dem Angebot sofort einverstanden.

Nach zweitägiger Schulung in Erster Hilfe trat ich meine erste richtige Arbeitsstelle außerhalb des elterlichen Bauernhofs an. Ich nannte mich Skihilfssanitäter und war für die Erstversorgung und den Abtransport der verletzten Gäste an den Skipisten um St. Anton mitverantwortlich. Ich hatte das Gefühl, zum ersten Mal aus eigener Kraft existieren zu können. Alois war nicht weniger zufrieden, obwohl seine Tätigkeit weit weniger Ansprüche an ihn stellte.

Die Arbeit machte uns richtig Spaß. Wir waren in der freien Natur, mussten uns nicht sehr anstrengen, verdienten etwas Geld und hielten uns selbst für wichtig. Wenn ich mit dem Ackja in den Händen die Piste herunterfuhr, verfolgten mich die anerkennenden Blicke der anderen Skifahrer. Unten angekommen, genoss ich die Atmosphäre eines mondänen Skiortes.

In St. Anton schien alles anders zu sein, als ich es von daheim kannte. Die Menschen, die Geschäfte, die Gasthäuser strotzten von Reichtum und Eleganz. Dies schüchterte mich etwas ein. So blieb ich zunächst auf Distanz, bis ich merkte, dass sich hinter der glitzernden Fassade ein ganz normales Leben abspielte.

Jeder Tag brachte neue Eindrücke mit sich. Dazu zählten auch die Begegnungen mit der Prominenz. Ich kann mich erinnern, einmal Niki Lauda – damals noch vor seinem Unfall – im Ort gesehen zu haben. Mit Karl Schranz, dem Idol des österreichischen Skisports in den Sechzigerjahren, wechselte ich sogar einige Worte auf der Piste. Auch viele bekannte Politiker sah ich durch das idyllische Dorf spazieren.

Trotz der vielfältigen Eindrücke war der Tagesablauf eines Wintersaisonarbeiters ziemlich eintönig. Aufstehen, den ganzen Tag auf der Piste verbringen, abends im Gasthof hocken und mit einem leichten Alkoholschwips ins Bett gehen.

Während der ganzen Saison hatte ich keinen freien Tag. Dies brachte Vor- und Nachteile mit sich. Der Vorteil war, dass ich jeden Tag Geld verdienen konnte und wenig Zeit hatte, dieses auszugeben. Der Nachteil lag eindeutig darin, dass ich zu wenig Zeit für die Mädchen hatte.

Alois und ich waren zu zweit in einer kleinen Dachkammer untergebracht, in der wir niemanden sonst empfangen durften. Schon aus diesem Grund wäre es für uns schwer gewesen, eine richtige Frauenbekanntschaft einzugehen. So beschränkten sich unsere Kontakte zu dem anderen Geschlecht auf die kurzen Wortwechsel auf der Piste und in dem Gasthaus. Man flachste miteinander, wagte aber nicht, sich einem Mädchen richtig zu nähern.

In der Hauptsache beschränkte sich unser sozialer Umgang auf andere Saisonarbeiter. Dabei gab es durchaus hierarchische Unterschiede. Ein paar Worte konnte man mit jedem wechseln. Ein richtiges Gespräch war aber nur unter seinesgleichen möglich.

Die Skilehrer standen in der internen Hierarchie der Saisonarbeiter ganz oben. Ich als Ackjafahrer war in diesem Kreis durchaus akzeptiert. So durfte ich mich problemlos zu ihnen gesellen, wenn sie an der Eisbar im Freien standen oder abends im Lokal ihre Biere tranken. Dabei machte ich meine ersten Erfahrungen in der Alltagspsychologie.

Nach kurzer Zeit wusste ich, dass viele Skilehrer aus ähnlichen Verhältnissen kamen wie ich. Der Job auf der Piste war für sie die einzige geregelte Erwerbstätigkeit, der sie während des ganzen Jahres nachgingen. Sie versuchten aber, diese Tatsache durch angeberisches Gerede zu kaschieren. Vor allem gefielen sie sich darin, den starken Mann zu spielen.

Ich schämte mich zwar meiner Herkunft nicht, hielt es aber trotzdem für sinnvoll, nicht darüber mit anderen zu reden. So stimmte ich lieber in das allgemeine Tagesgespräch der Skilehrer mit ein. Das Thema des Tages bezog sich immer auf die Ereignisse auf der Piste. Mit besonderer Vorliebe wurde dabei erörtert, welche der Schönen sich beim Unterricht besonders ungeschickt angestellt hatten. Wenn man die Skilehrer reden hörte, konnte man glauben, dass ihr Selbstbewusstsein keine Grenzen kannte. In Wirklichkeit klopften sie ihre Sprüche nur, um ihr Inneres nicht preiszugeben.

Ich merkte recht schnell, dass diese Art von Unterhaltung mich nicht interessierte. Es war zwar amüsant, sich über die Dummheit und Ungeschicklichkeit anderer lustig zu machen, aber angesichts dessen, was ich alles nicht wusste und kannte, waren die mangelnden skifahrerischen Fähigkeiten der Skigäste eine Kleinigkeit. Dennoch beteiligte ich mich an den Skilehrergesprächen, weil es mir einfach schmeichelte, dazuzugehören.

Da Mädchengeschichten für uns nicht in Frage kamen und der Kontakt mit den anderen Saisonarbeitern ziemlich oberflächlich war, richtete sich das Interesse von Alois und mir auf die leiblichen Genüsse. Es war uns wichtig, jeden Tag gut zu essen und zu trinken, ohne dabei viel Geld auszugeben. Da wir auch sparen wollten, versorgten wir uns meistens selbst oder aßen im Gasthaus nur preiswerte Gerichte. Doch es reizte uns, einmal in einem richtigen Restaurant zu speisen.

An einem Samstagabend beschlossen wir, unser Vorhaben in die Tat umzusetzen. Wir hatten dabei ein Lokal im Auge, in dem es besondere Fleischspezialitäten gab. Wir gingen hin und fingen an, die Speisekarte zu studieren. Nach längerer Diskussion fiel unsere Wahl auf Zwiebelrostbraten und Wiener Schnitzel.

Ich hatte bis dahin weder das eine noch das andere jemals gegessen. Bis zu meinem achtzehnten Lebensjahr bestand meine Ernährung hauptsächlich aus Knödeln, Polenta, Brot und Gemüse. Deshalb war ich ziemlich gespannt, wie mir die Spezialitäten der österreichischen Fleischküche schmecken würden. Wir warteten gespannt, bis der Kellner uns die heißen Teller vor die Nase setzte.

Das Essen war in dreifacher Hinsicht enttäuschend. Erstens war meine Phantasie größer als das, was die Gerichte geschmacklich zu bieten hatten. Zweitens fühlte ich mich nach dem Essen nicht richtig satt. Drittens tat mir das ausgegebene Geld Leid. Auf dem Weg zu unserem Nachtquartier brachten wir unsere kulinarische Erfahrung einhellig auf einen Nenner: »Knödel sind besser«, und die aßen wir am liebsten daheim. Seit diesem Abend war unser Wunsch, wieder nach Hause zu kommen, erheblich größer geworden.

Im März 1976, als unsere Saisonarbeit langsam zu Ende ging, hatte ich eine beachtliche Summe zusammengespart. Rund 20 000 Schillinge stellten für einen Städter vielleicht eine Kleinigkeit dar, für mich war es ein kleines Vermögen. Ich überlegte, was ich mir für das Geld kaufen konnte. Meine Wahl fiel auf einen tragbaren Radiokassettenrecorder, von dem ich schon die ganze Zeit träumte.

Ich ging in die Stadt und schaute mir die Abteilung für Unterhaltungselektronik eines teuren Kaufhauses an. Leider kostete mein Wunschrekorder dort mehr, als ich gedacht hatte. Deshalb ging ich zu einem An- und Verkaufladen und kaufte für ca. 6000 Schilling ein gebrauchtes Gerät. Auf den ersten Blick gab es zwischen den beiden keine großen Unterschiede.

Ich fühlte mich mächtig stolz, als ich mit dem Apparat unter dem Arm die Busreise in die Heimat antrat. Ich hatte auch große Sehnsucht, meine Familie wieder zu sehen, und freute mich nach fünf Monaten Abwesenheit auf die Nähe und Geborgenheit des Elternhauses. Nicht minder gespannt war ich auf den Empfang, den man mir bereiten würde.

Meine Eltern empfingen mich mit großer Herzlichkeit. Als sie aber gesehen hatten, was ich mir für die Ersparnisse meiner Saisonarbeit geleistet hatte, waren sie richtig entsetzt. Vor allem mein Vater konnte nicht begreifen, wie leichtfertig ich mit dem sauer verdienten Geld umgegangen war. So war er in den nächsten Tagen nicht gut auf mich zu sprechen.

Erschwerend kam hinzu, dass der Spulenmechanismus

des Rekorders bald seinen Geist aufgegeben hatte. So konnte ich mit meiner teuren Erwerbung gerade mal Radio Tirol hören. Das war für meinen Vater immer wieder Wasser auf seine Mühle. Jedes Mal, wenn er mich mit dem Gerät sah, schimpfte er über meine Dummheit.

Nach einer Woche zu Hause sah ich meine erste Saisonarbeit in einem völlig anderen Licht. Es war zwar reizvoll, in der Fremde neue Erlebnisse zu sammeln und dabei Geld zu verdienen, am Ende stand ich aber doch mit fast leeren Händen da.

Auch meine verantwortungsvolle Tätigkeit als Skihilfssanitäter stellte sich plötzlich ganz anders dar. Mochte das Ackjafahren auch leichter und angenehmer gewesen sein als Feldarbeit, sehr anspruchsvoll war es nicht. Dies betraf auch die Menschen, die auf den Skipisten beschäftigt waren. Sie waren nicht so interessant, dass man jeden Winter mit ihnen zusammen verbringen wollte.

Meine nachträglichen Überlegungen zur Saisonarbeit waren allerdings ziemlich müßig. Ich hatte nämlich keine andere Wahl, als jede Art von Tätigkeit aufzunehmen, die sich gerade bot. Nur so konnte ich meine Eltern entlasten und dazu beitragen, dass sie ein etwas angenehmeres Leben hatten.

Auf der anderen Seite hatte ich den Ehrgeiz, irgendwann einer Beschäftigung nachzugehen, die mich interessierte und von der ich selbstständig leben konnte. Dies erforderte aber andere Qualifikationen, als ich vorzuweisen hatte und wofür meine Eltern hätten aufkommen müssen, was ich ihnen aber nicht zumuten wollte. So stand ich ziemlich ratlos da und wartete, was die Zeit mit sich bringen würde.

Mein Vater machte sich offensichtlich mehr Gedanken über meine Zukunft, als ich dachte. So überraschte er mich eines Tages mit einem Vorschlag. Ich sollte von Mai bis Oktober auf dem Bauernhof bleiben, voll mitarbeiten und in dieser Zeit den Führerschein machen. Das Geld für den Führerschein wollte er aufbringen.

Ich war mehr als einverstanden. Eine Fahrerlaubnis erhöhte meine Chancen auf dem Arbeitsmarkt erheblich. Mein Vater fällte einen riesengroßen Baum, verkaufte das Holz und bezahlte damit meine Fahrstunden. Ich arbeitete tagsüber auf dem Feld oder im Stall und paukte abends die Verkehrsregeln.

Ich bestand die Fahrprüfung beim ersten Anlauf. Zur Feier des Tages ging ich abends ins Gasthaus. Dort traf ich auf Hans und seinen Onkel Michael. Die beiden kamen mir wie gerufen.

Ich gab eine Runde Bier aus und fragte Michael, ob er sich nicht wieder wegen eines Jobs umhören könnte. Jetzt, wo ich einen Führerschein hatte, sah ich mich aber mehr in einem richtigen Betrieb arbeiten. Ich wünschte mir eine Stelle, die mehr war als eine Gelegenheitsarbeit. Michael versprach es, schien aber kein großes Interesse an meinen Zukunftsplänen zu haben. So tranken wir gesellig weiter und sprachen mehr über das Leben im Allgemeinen.

Etwa nach dem dritten Bier schaute mich Michael eindringlich an und sagte: »Wenn du wirklich etwas Interessantes machen willst, dann solltest du es mit der Wünschelrute versuchen.« Es war das erste Mal, dass ich das Wort bewusst hörte. Also schwieg ich in der Hoffnung, dass Michael dem bedeutungsschweren Satz weitere Erläuterungen folgen ließe.

Michael musste meinen verwirrten Blick verstanden haben, denn er fragte: »Was, du hast noch nie etwas von der Wünschelrute gehört?« Als ich es verneinte, fühlte er sich herausgefordert. »Mit der Wünschelrute kannst du Wasser finden«, sagte Michael einfach. Dann fügte er hinzu: »Wenn du willst, werde ich es dir zeigen.«

Die Worte von ihm wirkten rätselhaft auf mich. Ich brauche doch keine Rute, um Wasser zu finden, dachte ich. Um Michael aber nicht zu verärgern, sagte ich, dass ich ihm gerne mal beim Wünschelrutengehen zuschauen würde. So verabredeten wir, uns einige Tage später auf einem Baugelände zu treffen.

Ich hatte keine Lust, alleine zu der Verabredung zu gehen. Also fragte ich Hans, ob er nicht mitkommen wollte. Er kannte schon länger das Hobby seines Onkels und schien davon nicht besonders begeistert zu sein. Nach längerem Zureden war er aber einverstanden.

Als Hans und ich auf dem Baugelände erschienen, waren wir ziemlich neugierig. Nach einer kurzen Begrüßung zog Michael aus seiner Aktentasche einen Draht, der zu einem Ypsilon geformt war. Er ergriff die Rute mit ausgestreckten Armen an den beiden kürzeren Seiten und richtete den längeren Stiel nach vorne. In dieser Haltung begann er, die Wiese abzuschreiten. Wir blieben auf der Stelle stehen und verfolgten Michael mit unseren Blicken.

Nach einigen Schritten begann seine Rute leicht zu schwingen. Michael wandte den Kopf zu uns und sagte: »Darunter ist Wasser.« Hans und ich schauten ihn an, als ob er nicht ganz bei Trost wäre.

Die Demonstration von Michael dauerte noch über eine halbe Stunde. Er ging in unterschiedliche Richtungen, bis seine Rute zu schwingen begann. Jedes Mal, wenn das passierte, schien er begeistert zu sein. »Wasser, darunter ist Wasser«, wiederholte er mehrere Male. Dann kam er zu uns zurück und fragte: »Habt ihr das richtig gesehen?«

Wir hatten zwar alles gesehen, konnten uns aber keinen Reim darauf machen. Dies hielt Michael aber nicht davon ab, seine Begeisterung mit uns teilen zu wollen. Er drückte jedem von uns eine Rute in die Hand und forderte uns auf, es selbst zu versuchen.

Ich folgte seinen Worten, musste aber feststellen, dass nichts passierte. Dies war auch bei Hans der Fall. Meine Versuche, die Rute durch Muskelanspannung oder leichtes Händezittern in Bewegung zu bringen, blieben erfolglos. Also warf ich das Gerät ins Gras und sagte verärgert, dass ich dazu nicht geboren sei.

Michael versuchte, mich zu besänftigen: »Du kannst nichts erzwingen. Bleib locker und entspannt.« Ich beugte mich widerwillig und nahm die Rute wieder in die Hand. Doch das Ergebnis war das Gleiche wie vorher.

Nach einer weiteren halben Stunde hatten wir alle genug. Doch Michael schien mit unseren Versuchen nicht unzufrieden zu sein. »Ihr dürft die Ruten behalten, um selbst zu trainieren«, sagte er trocken. Dann gab er uns noch ein paar Tipps, wie wir unsere Wünschelruten führen sollten, und verabschiedete sich. Hans und ich standen da und wussten mit seinen Anmerkungen nichts anzufangen.

Als ich mich mit meiner Wünschelrute auf den Nachhauseweg machte, wollte ich sie am liebsten wieder fortwerfen. »Es ist doch alles Blödsinn«, dachte ich. Auf der anderen Seite hatte die Demonstration von Michael meine Neugierde geweckt. Immerhin konnte er seine Wünschelrute zum Schwingen bringen, während uns dies nicht gelang. An dieser Stelle meldete sich mein Ehrgeiz. »Ich bin doch nicht dümmer als er«, dachte ich. Also sagte ich mir, dass ich es noch einmal versuchen sollte. Mein heimlicher

Gedanke war: »Wasser suchen und dabei vielleicht einmal reich werden.«

Ich behielt meine Wünschelrute und probierte sie immer wieder aus. Doch es gab keine erkennbaren Erfolge. Weder konnte ich die Rute zum Schwingen bringen, noch war mir klar, warum dies funktionieren sollte. Auch wenn ich nach jedem misslungenen Versuch ziemlich verärgert war, gab ich nicht auf. Ich fühlte mich in meinem Ehrgeiz gekränkt und schwor, dass ich es das nächste Mal schaffen werde.

Einige Wochen später traf ich Michael wieder. Es war mir peinlich, dass ich ihm nichts über irgendwelche Fortschritte mit der Wünschelrute erzählen konnte. Also lenkte ich das Gespräch sofort auf meine Stellensuche. Die Wintersaison stand vor der Tür, und ich hatte immer noch keine Arbeit in Aussicht.

Michael wusste Rat. In Lech bei der Pension Strolz suchten sie einen Hausburschen. Strolz war in Lech die erste Adresse. Neben dem Gasthausbetrieb befand sich auch eine gleichnamige Modefirma im Familienbesitz.

Da ich über gute handwerkliche Fertigkeiten verfügte und jetzt sogar einen Führerschein hatte, schien ich für die Stelle geeignet zu sein. Michael gab mir die Telefonnummer, unter der ich mich erkundigen konnte. Ich rief von einer Telefonzelle aus dort an und wurde aufgefordert, persönlich vorbeizukommen.

Ich fuhr im November 1976 nach Lech und wurde eingestellt. Im Unterschied zu meiner Saisonarbeit in St. Anton, wo ich ein Jahr zuvor beschäftigt war, schwor ich mir, zwei Sachen anders zu machen. Erstens wollte ich richtig sparen und kein Geld für irgendwelchen Blödsinn ausgeben. Zweitens sollten sich meine Kontakte nicht nur auf Männer beschränken.

Während ich mit dem ersten Vorsatz meine liebe Not hatte, ging mein zweites Vorhaben relativ problemlos in Erfüllung. In Lech gab es eine Konditorei, in der ein hübsches Mädchen namens Margit arbeitete. Wir hatten recht schnell Gefallen aneinander gefunden. Ab Silvester 1976 waren wir im Geheimen ein Paar.

Margit stammte aus der Nähe vom Bodensee und ging wie ich einer Saisonarbeit nach. Ihre Eltern hatten in Hohenems ein Haus, arbeiteten aber in der Schweiz. Margit war die einzige Tochter und damit finanziell recht gut abgesichert. Eine bessere Partie wäre für mich gar nicht denkbar gewesen.

Die Arbeitssaison in Lech verlief wie im Fluge. Wir waren frisch verliebt und sahen die Welt nur in rosaroten Farben. Bereits im Februar beschlossen wir, unsere Beziehung zu legalisieren. So schrieb ich meinen Eltern in einem Brief, dass ich ihnen gerne meine künftige Frau vorstellen wollte.

Ein paar Wochen später fuhr ich mit Margit zu einem Kurzbesuch nach Hause. Meine Eltern empfingen uns sehr freundlich und waren mit der Verbindung einverstanden. Einige Zeit später waren wir bei den Eltern von Margit eingeladen. Auch sie hatten nichts dagegen einzuwenden.

Unser Entschluss stand fest. Wir wollten im August 1977 heiraten. Auch die Tatsache, dass ich zwischen April und September meinen Militärdienst ableisten musste, konnte unsere Pläne nicht durchkreuzen. Als ich am Ende der Wintersaison von »Strolz« einen neuen Auftrag für das nächste Jahr bekam und Margit eine Beschäftigung als Verkäuferin in der Modefirma meines Arbeitgebers in Aussicht gestellt wurde, war unser Glück perfekt.

Unsere Hochzeit fand wie geplant in Hohenems statt. Ich hatte zwar ein bisschen Probleme, meinen Militärurlaub zu bekommen, schaffte es aber letztendlich. Ich erschien rechtzeitig zu meiner Trauung, die in kleinem Kreise stattfand. Anschließend begab sich die ganze Hochzeitsgesellschaft in ein reserviertes Lokal, wo eine Festmahlzeit serviert wurde.

Das Fest ließ sich prächtig an. Ich hatte zum ersten Mal in meinem Leben einen Anzug an, den ich mir noch von meinen Ersparnissen in Lech gekauft hatte. Für Margit hatte ihre Mutter ein edles Hochzeitskleid ausgesucht, das sie mit großer Anmut trug. Es gab gutes Essen und reichlich zu trinken, sodass die Stimmung immer besser wurde.

Ich fühlte mich ganz ausgelassen und flachste ein bisschen rum. Meiner frisch vermählten Ehefrau schien dies jedoch nicht allzu sehr zu gefallen. Sie machte ein paar ironische Bemerkungen, die ich meinerseits mit männlichen Sprüchen quittierte, was zu unserem ersten Ehekrach führte. Erst gegen Ende des Festes versöhnten wir uns wieder.

Am nächsten Tag fuhren wir mit den Schwiegereltern zu ihrem Ferienhaus nach Kärnten, wo wir die Flitterwochen verbringen wollten. Zunächst schien alles in bester Ordnung zu sein. Doch dann fingen unsere Streitigkeiten erneut an.

Gegen Abend hatten wir uns so in den Haaren, dass von einer weiteren gemeinsamen Nacht keine Rede sein konnte. In ihrer Aufregung entschied Margit kurzerhand, dass sie bei ihrer Mutter schlafen würde. Mir blieb nichts anderes übrig, als in einem Zimmer mit ihrem Vater zu nächtigen. Auch wenn sich am nächsten Tag unsere Gemüter beruhigt hatten, standen die Vorzeichen für unsere Ehe nicht gut.

Bis heute weiß ich nicht, was der eigentliche Grund für

unseren Streit war. Ich vermute aber, dass meine Eifersucht dabei eine große Rolle spielte. Ich konnte es nicht ertragen, dass Margit sich für jemand anderen als für mich interessierte. So konnte es passieren, dass ich aus Eifersucht Margit ungerecht behandelte.

Besonders eifersüchtig war ich auf Peter. Immer, wenn Margit liebevoll von ihm sprach, zog sich meine Magengrube leicht zusammen. Beim Ausdruck »mein Peter« stieg in mir regelmäßig die Wut auf. Doch Peter war lediglich ein Kater, den Margit großgezogen hatte.

Nachdem ich vom Militär zurückkam, bezogen wir ein Zimmer im Haus meiner Schwiegereltern. Für mich waren enge Wohnverhältnisse eine Selbstverständlichkeit. So empfand ich es sogar als großzügig, dass Margit und ich einen großen Raum für uns alleine zur Verfügung hatten. Trotzdem tat die räumliche Nähe unserer Beziehung gar nicht gut.

Als wir im November wieder nach Lech kamen, um dort unsere Saisonarbeit aufzunehmen, entspannte sich unser Verhältnis etwas. Auch wenn wir dort einen kleineren Raum als zu Hause bewohnten, konnten wir uns tagsüber aus dem Wege gehen und freuten uns entsprechend auf ein Wiedersehen am Abend. Doch der Friede dauerte nicht lange. Nachdem wir einige Male in Anwesenheit anderer Bediensteter laut gestritten hatten, wurde im Februar 1978 unser Beschäftigungsverhältnis in Lech vorzeitig aufgelöst. Verärgert, beschämt und im Ungewissen über unsere Zukunft traten wir die Reise nach Hohenems an.

Die Rückkehr erwies sich für uns zunächst als ein Glücksfall. Erstens waren die Eltern von Margit gar nicht böse, dass ihre Tochter wieder zu Hause war. Zweitens konnten wir unsere materielle Situation erheblich verbessern, indem wir beide eine feste Arbeitsstelle vor Ort fanden.

Schon im März bekam ich eine Beschäftigung bei der Skifirma »Kästle«. Ich war in der Produktion tätig und musste acht Stunden lang eine Maschine bedienen. Die Arbeit war zwar monoton, brachte aber gutes Geld ein. Margit, die einige Wochen später als Sekretärin angestellt wurde, verdiente auch nicht schlecht.

Zum ersten Mal in meinem Leben führte ich eine geordnete bürgerliche Existenz. Ich hatte ein festes Dach über dem Kopf, eine nette, selbstständige Frau, eine feste Arbeit und so viel Lohn, dass ich mir sogar etwas Freizeit leisten konnte. Doch fühlte ich mich nicht zufrieden. Die traute Zweisamkeit in der unmittelbaren Nähe der Schwiegereltern machte mich einfach nicht glücklich. Daran konnte auch mein Interesse an den geheimen Kräften der Natur nichts ändern.

Trotz meiner Heirat gingen meine Versuche mit der Wünschelrute weiter. Noch während des Militärdienstes besuchte ich einen Grundkurs in Radiästhesie, der sich mit dem Zusammenhang von der Wasserstrahlung und der Beherrschung der Wünschelrute beschäftigte. Ich begriff zum ersten Mal, dass fließendes Wasser eine gewaltige Energiequelle darstellt, die auf lebende Organismen positiv wie negativ einwirken konnte. Damit die Wünschelrute funktionierte, musste man seinen Körper für den unsichtbaren Energiefluss durchlässig machen.

Die Vorstellung der frei fließenden Energien, die man mit bloßem Auge nicht sehen kann, weckte in mir echte Neugierde. Neben dem Training mit der Wünschelrute fing ich an, Artikel über Radiästhesie zu lesen. Dies führte zu einem merkwürdigen Missverhältnis. Ich wusste theoretisch einiges über die geheime Auswirkung des Wassers auf die Natur, praktisch war ich aber nicht in der Lage, mit der Wünschelrute Wasser aufzuspüren.

Etwa ein Jahr nach der Heirat besuchte ich mein zweites Radiästhesieseminar. Ich hatte in einer Tageszeitung gelesen, dass anlässlich der Sommermesse in der nahe gelegenen Kreisstadt ein Grundkurs im Wünschelrutengehen stattfinden würde. Der Kurs war auf einen Sonntag gesetzt, sodass einer Teilnahme keine terminlichen Gründe im Wege standen.

An dem Tag sagte ich meiner Frau Bescheid und fuhr nach Dornbirn. Margit hatte für mein Interesse an der Radiästhesie nicht viel übrig. Sie war aber auch nicht dagegen, dass ich mit der Wünschelrute trainierte. Mein Interesse an unsichtbaren Wasserstrahlungen lag einfach außerhalb ihrer Weltanschauung.

Das Seminar fand in unmittelbarer Nähe des Seeufers statt. Nachdem wir unter einem Baum die theoretische Unterweisung bekommen hatten, brachen wir zu der angrenzenden Wiese auf, um praktisch zu üben. Unsere Gruppe bestand aus vierzehn Personen, die unter Anleitung der Kursleiterin die frei stehende Grünfläche mit den ausgestreckten Wünschelruten durchschritten. An der Wiese entlang führte ein breiter Fußweg, der an diesem herrlichen Sonntagnachmittag voll mit Ausflüglern war.

Ich versuchte meine Übungen zu machen, musste aber feststellen, dass sich meine Gedanken ganz woanders befanden. Angesichts der Spaziergänger dachte ich, was sie wohl über uns denken würden. Sie sahen so aus, als ob sie uns nicht für voll nehmen würden. »Diese Spinner, diese Spinner!«, schrie es in meinem Kopf, ohne dass jemand tatsächlich etwas gesagt hätte. Ein tiefes Schamgefühl ergriff von mir Besitz. Gleichzeitig ließ meine Konzentrationsfähigkeit immer mehr nach.

Ich konnte das Durcheinander in meinem Inneren nur eine halbe Stunde ertragen. Dann ging ich zu der Kursleiterin und sagte, dass ich meinen Bruder um vier Uhr vom Zug abholen musste. Sie durchschaute wahrscheinlich meine Notlüge, ließ sich aber nichts anmerken. Mit netten Worten bedankte sie sich für meine Teilnahme und wünschte mir viel Erfolg für die Zukunft. Ich brach sofort auf, ohne dem aufkommenden Gemurmel der anderen Kursteilnehmer große Beachtung zu schenken.

Trotz des plötzlichen Abbruchs hatte ich nach diesem Seminar zum ersten Mal das Gefühl, dass meine Wünschelrute auf die Energiestrahlungen des Wassers gut reagierte. Auf jeden Fall fing die Rute an den entsprechenden Stellen richtig zu zittern an. Dies bestärkte mich in dem Entschluss, mein Training weiter zu intensivieren. Ich fing an, dreimal die Woche etwa eine Stunde lang zu üben.

Knapp ein Jahr später, es war im Frühjahr 1979, hatte ich auf einem anderen Radiästhesieseminar mein großes Erfolgserlebnis. Das Seminar fand diesmal in einem Privathaus statt. Trainiert wurde im angrenzenden Garten, der von den Blicken neugieriger Zuschauer abgeschirmt war. Ich war darüber sehr froh und konnte mich voll auf die Übungen konzentrieren.

Schon während des Kurses merkte ich, dass sich bei mir ein großer Fortschritt abzeichnete. An den entsprechenden Wasserstellen fing die Rute meist an, regelrecht zu vibrieren. Ausschlaggebend dafür war die innere Körperhaltung, die ich beim Üben einnahm. Indem ich die Energieströme frei in meinen Organismus fließen ließ, war auch die Rute bereit, auf die Strahlungen des unterirdisch fließenden Wassers ungestört zu reagieren.

Auf diesem Seminar merkte ich zum ersten Mal, dass ich die Energien in meinem Körper beeinflussen konnte. Voraussetzung dafür war, dass ich energetische Blockaden aufspüren und durch entspannende Atemübungen beseitigen konnte. Darüber hinaus war es wichtig, mich energetisch so aufzuladen, dass mein ganzer Körper ein hohes Spannungsniveau für die Durchleitung aufwies. Diese Einsichten über das Zusammenspiel zwischen Entspannung und Konzentration veranlassten mich, mein Training mit der Wünschelrute durch Körperbeherrschungsübungen zu ergänzen.

Neben der Radiästhesie gewann auch meine alte Vorliebe für das Musizieren wieder an Bedeutung. Ausschlaggebend dafür war die Tatsache, dass sich meine Ehe weiterhin nicht besonders erfreulich gestaltete. Zwangsläufig hatte ich keine Lust, zu Hause zu hocken. Mit anderen zusammen zu musizieren erschien als eine echte Alternative.

Über einen Arbeitskollegen erfuhr ich, dass die örtliche Blaskapelle einen Piccoloflötisten suchte. Ohne groß zu überlegen, stellte ich mich beim Kapellmeister vor. Er war mit meinem Vorspiel zufrieden und nahm mich sofort in sein Orchester auf.

Die Anbindung an den neuen Musikverein tat meiner Ehe erst recht nicht gut. Ich zog es meistens vor, nach den Proben und Auftritten mit meinen Kollegen ins Gasthaus zu gehen, als den Abend mit meiner Frau zu verbringen. Sie selbst konnte damit recht gut leben. Anstatt mit dem Essen auf ihren Mann zu warten, verabredete sie sich mit ihren Freundinnen und erschien häufig später zu Hause als ich.

Im Nachhinein weiß ich, dass ich in der Zeit vieles falsch gemacht habe. Mein Verhalten Margit gegenüber trug maßgeblich dazu bei, dass unsere Ehe nicht funktionierte. Meine Ratgeber, es waren vor allem Kollegen von der Arbeit und aus dem Musikverein, hatten auch wenig Erfahrung mit Eheproblemen. Ihre Tipps erwiesen sich als wenig hilfreich.

Es kam, wie es kommen musste. Im Sommer 1981 war die Ehe gescheitert. Ich packte meine Sachen in zwei große Plastiksäcke und musste die Wohnung verlassen. Ich nahm die Säcke und legte sie auf den Rücksitz des Dienstwagens einer Textilfirma, bei der ich seit einem Jahr als Chauffeur beschäftigt war.

Nun stand ich auf der Straße mit meinen Bündeln, meinem einzigen Hab und Gut. Das Eheleben und die Freizeitbeschäftigungen hatten verhindert, dass ich irgendwelche Rücklagen bilden konnte. Mein Geld reichte gerade, um eine Monatsmiete für eine Wohnung im Voraus zu zahlen. Für die Zahlung einer Kaution hätte ich ein Darlehen aufnehmen müssen.

Gedankenversunken fuhr ich zu einer Tankstelle, wo ich üblicherweise den Dienstwagen auftanken ließ. Als ich mit dem Tankwart ein paar Worte wechselte, sprach mich plötzlich ein anderer Mann an. Ich kannte ihn vom Sehen, hatte aber bisher keinen persönlichen Kontakt zu ihm. Umso erstaunter war ich, als Paul – so hieß der Mann – mir eine Wohnmöglichkeit anbot.

»Ich habe zufällig die Unterhaltung gehört«, sagte Paul, »und könnte eventuell helfen. Ich habe ein Haus, in dem ein Zimmer frei ist. Wenn du Lust hast, kannst du mitkommen und dir das Zimmer gleich anschauen.«

Ich war völlig überrascht. Natürlich stimmte ich sofort

zu. Ich fuhr Paul hinterher in die angrenzende Ortschaft. Dort angekommen, stellte ich zu meiner Freude fest, dass das Haus äußerlich in prächtiger Verfassung war. Es war zwar etwas älter, schien aber vor kurzem renoviert worden zu sein.

Auch drinnen sah alles sehr nett aus. Der Flur war tapeziert und frisch gestrichen. An der Decke hing eine neue Lampe. Als wir das Zimmer, das ich bewohnen sollte, betraten, war ich hocherfreut.

Der kleine Raum war hell, gut geschnitten und mit älteren, aber noch sehr ordentlichen Möbeln ausgestattet: ein Bett, ein Schrank, ein Tisch mit drei Stühlen, sogar ein kleiner Sessel stand in der Ecke. Etwas Besseres für mein neu beginnendes Junggesellenleben konnte ich mir kaum vorstellen.

Es gab nur einen kleinen Haken: Der Raum war nicht beheizbar. Den Grund dafür konnte Paul nicht genau nennen. Angeblich hatte man bei der letzten Renovierung vergessen, anstelle des ausrangierten Holzofens einen anderen Heizkörper anzubringen.

Da wir gerade Sommer hatten, herrschte in dem Zimmer eine angenehme Wärme. So dachte ich nicht groß daran, wie sich die Temperaturverhältnisse im Winter ändern würden. Außerdem war ich von meiner Arbeit im Freien ziemlich abgehärtet. Die fehlende Heizung stellte damit keinen Hinderungsgrund dar, den Raum zu mieten. Nachdem Paul mir einen sehr niedrigen Mietzins genannt hatte, schlug ich ein und brachte gleich meine Sachen nach oben.

Ich hatte es zwar später nie bereut, das Zimmer von Paul gemietet zu haben, doch es war manchmal verdammt kalt darin. Zwischen Dezember und März musste ich morgens häufig meine Stiefel vom Boden abreißen, weil die Sohlen über Nacht festgefroren waren. Tagsüber zog ich erst gar nicht meine dicke Steppjacke aus, wenn ich im Winter von der Arbeit nach Hause kam.

Der Junggesellenstatus und die kalte Wohnung hatten meinen Drang zur Geselligkeit weiter verstärkt. Ich ging jeden Abend aus, entweder zur Musikprobe mit anschließendem Kneipenbesuch oder gleich ins Gasthaus. An Frei- und Samstagen hatte ich meine Musikauftritte, an die sich in der Regel ein Diskobesuch anschloss. So war es höchst selten, dass ich – auch an einem normalen Arbeitstag – vor Mitternacht mein Bett aufsuchte.

Meine ausgiebige Geselligkeit brachte viele neue Kontakte mit sich. Jede Woche lernte ich nette Leute kennen, mit denen ich ausgelassen plaudern und mich amüsieren konnte. Mein Interesse galt vorrangig dem anderen Geschlecht. Trotz der gescheiterten Ehe hielt ich viel davon, bald wieder in einer geregelten Beziehung zu leben.

Auf einem Faschingsball im März 1982 lernte ich Angelika kennen. Ich verliebte mich auf der Stelle in sie und machte ihr gegenüber keinen Hehl daraus. Auch sie war ein Mensch, der lebte, wie es ihr gefiel. Ich musste ihr spontan gefallen haben, denn seit diesem Abend waren wir befreundet.

Angelika war eine attraktive, gut aussehende Frau mit langen braunen Haaren und viel Temperament. Sie arbeitete als Bürokraft in einer Trachtenfabrik. Als wir uns kennen lernten, lebte sie bei ihren Eltern. Zu ihrer Mutter hatte sie einen besonders engen Kontakt. Auch ihre vier Brüder waren stets um sie besorgt.

Angelikas Mutter war nicht besonders davon angetan, dass sich ihre einzige Tochter mit einem musizierenden Chauffeur einließ. Ohne mich persönlich zu kennen, hatte sie doch etwas Zweifel. Weil im Dorf jeder über jeden redete, wurde man als Mensch schon im Voraus von den Dorfbewohnern als gut oder schlecht eingestuft. Angelika hatte aber nicht nur Temperament, sondern auch Charakter. Sie sagte ihrer Mutter, dass ich ein guter Kerl sei, und ging ihren eigenen Weg.

Meine Beziehung mit Angelika war unkompliziert. Wir trafen uns etwa viermal pro Woche, um den Abend gemeinsam zu verbringen. Wir freuten uns immer auf ein Wiedersehen, schätzten es aber auch, Zeit für uns alleine zu haben. Jeder genoss seine Freiheit und räumte auch seinem Partner Freiräume ein.

Durch Angelika gewann mein inneres Leben erheblich an Ausgeglichenheit. Ich verspürte keinen Drang mehr, jeden Abend ausgehen zu müssen. Saß ich mit meinen Kameraden im Gasthaus, so stellte ich mir häufig die Frage, wozu das gut sein sollte. Eines Abends trat dann auch ein Sinneswandel bei mir ein.

Ich saß an unserem Stammtisch und war etwas melancholisch gestimmt. Meine Gedanken kreisten um Angelika und unser künftiges Zusammenleben. Ich stellte mir vor, wie schön es wäre, mit ihr zusammenzuziehen. Währenddessen trank ich mein Bier und hörte halbherzig dem Tischgespräch zu.

Die Stimmung am Tisch war gut. Einer meiner Kameraden hatte etwas zu feiern und gab eine Runde Schnaps aus. Ein zweiter und ein dritter folgten seinem Beispiel, sodass der Alkohol reichlich floss. Ich trank mit, konnte mich aber an dem Rausch nicht besonders erfreuen.

Als unsere Unterhaltung immer lauter und unklarer wurde, schossen mir plötzlich Fragen durch den Kopf: »Was tust du hier eigentlich? Musst du wirklich jeden

Abend weggehen? Wäre es nicht schöner, zu Hause bei Angelika zu sitzen?« Nach einer kurzen Besinnung sagte eine andere Stimme in mir: »Höre auf mit der Trinkerei. Das passt nicht zu dir.« Es war das erste Mal, dass ich eine innere Stimme, die nicht aus meinem Bewusstsein zu sprechen schien, so deutlich vernahm.

Von diesem Abend an reduzierte ich mein Ausgehen drastisch. Meine Gasthausbesuche beschränkten sich auf die Tage, an denen ich mich mit bestimmten Freunden treffen wollte. Umso mehr Zeit hatte ich für die Befriedigung meiner geistigen Interessen. Auch meine Beziehung zu Angelika profitierte davon.

Im Mai 1983, als wir über ein Jahr befreundet waren, zog ich mit Angelika zusammen. Ausschlaggebend dafür war der glückliche Umstand, dass ich eine neue Stelle samt einer kleinen Betriebswohnung bekommen hatte. Der Chef der Textilfirma, in der ich als Chauffeur arbeitete, kannte den Inhaber einer nahe gelegenen Ziegelei, der wiederum Arbeiter für seinen Betrieb suchte. Da es der Textilfirma nicht mehr so gut ging und der Chef durchaus selbst Auto fahren konnte, lag es in seinem Interesse, mich weiterzuvermitteln.

Die neue Arbeit war nicht besonders interessant. Ich musste ein Fließband bedienen, das gebrannte Ziegel zum Trocknen transportierte. Umso schöner war unser neues Domizil. Die Betriebswohnung befand sich in einem kleinen allein stehenden Haus, zu dem auch ein kleiner Garten gehörte.

Auf dem Firmengelände gab es mehrere Häuschen dieser Art. Sie waren allesamt von Betriebsangehörigen bewohnt. In unserer unmittelbaren Nachbarschaft lebten zwei Arbeitskollegen, zu denen ich im Laufe der Zeit eine richtige Freundschaft entwickelte. Einer hieß Stefan und teilte mit mir das Interesse an Radiästhesie. Der andere stammte aus Jugoslawien und sollte später zu einem der ersten Zeugen meiner hellseherischen Fähigkeiten werden. Sein Name war Milan.

Ich lebte bis 1996 mit Angelika auf dem Gelände der Ziegelei. Obwohl wir nie geheiratet haben, führten wir eine vorbildliche Gemeinschaft. Es gab praktisch kein Thema, bei dem wir uns nicht einigen konnten. Auch meine Beschäftigung mit den unsichtbaren Energien stellte für Angelika kein Problem dar.

Als sie zum ersten Mal meine Wünschelrute sah, fragte sie nur, was das zu bedeuten hätte. Ich erklärte ihr kurz den Zusammenhang, und sie gab sich damit zufrieden. Sie hatte auch Verständnis dafür, dass ich in der Wohnung oder im Garten mein Training absolvierte. Dies unterschied sie von den meisten anderen Menschen, mit denen ich bei der Arbeit oder privat zu tun hatte.

Ich hatte zunächst niemandem bei der Arbeit meine geheime Leidenschaft anvertraut. Die einzige Ausnahme war Stefan. Als ich ihm vom Wünschelrutengehen erzählte, äußerte er den Wunsch, es mit mir zusammen zu versuchen. Ich war hocherfreut, dass ich einen Trainingspartner gefunden hatte.

Wir trainierten in der Regel auf einer großen Wiese neben unserem Firmengelände. Dies taten wir meistens nach Einbruch der Dunkelheit, damit unsere Kollegen nichts davon mitbekamen. Trotz des fortgeschrittenen Stadiums meiner radiästhetischen Fähigkeiten schämte ich mich nach wie vor, mit der Wünschelrute in der Hand gesehen zu werden. Ich ahnte, dass die meisten Ziegeleimitarbeiter dafür nur Hohn und Spott übrig hätten.

Tatsächlich musste ich eine Unzahl von abfälligen Bemerkungen und Gesten über mich ergehen lassen, nachdem die Sache im Betrieb bekannt geworden war. Erstaunlicherweise machte mir dies aber nichts mehr aus. Die Einstellungsänderung kam nach einem nächtlichen Erlebnis, das sich zunächst als peinlich, danach aber als sehr heilsam für mich erwies.

Eines Abends trainierte ich alleine auf der Wiese. Es war schon gut nach 22 Uhr, und ich hatte keine Bedenken, entdeckt zu werden. Doch plötzlich hörte ich Schritte, und eine laute Stimme rief: »Was tust du denn hier?« Es war mein Nachbar Milan, der einen Rundgang um das Gelände machte.

Ich hatte gerade noch Zeit, meine Wünschelrute ins Gebüsch zu werfen, bevor mich der Strahl seiner Taschenlampe traf. »Ich mache einen Spaziergang«, entgegnete ich verlegen. Der Nachbar schaute mich verwundert an und schüttelte den Kopf. Er schien meiner Ausrede keinen Glauben zu schenken.

Als ich nachts im Bett lag, ging mir die Begegnung nicht aus dem Kopf. »Du bist doch von den Kräften der Natur überzeugt, warum stehst du nicht dazu?«, fragte ich mich. Ich wurde richtig wütend auf mich selbst und schämte mich plötzlich, kein Rückgrat zu haben. Am nächsten Morgen schwor ich mir, meine Überzeugung nie wieder zu verleugnen.

In der Folgezeit hatte ich häufig die Gelegenheit, das Versprechen zu halten. Nachdem ich aufgehört hatte, heimlich zu üben, sah ich mich starkem sozialen Druck ausgesetzt. Milan erzählte den Vorfall natürlich gleich in der Firma. Viele der Ziegeleimitarbeiter ließen keine Gelegenheit aus, sich über mich lustig zu machen.

Da es mir damals nicht bewusst war, dass die Ablehnung durch meine Kollegen vor allem ein Ausdruck ihrer Unsicherheit war, reagierte ich kämpferisch auf ihre Verspottungen. Ich legte mich mit ihnen an und schimpfte, dass ihre Ignoranz sie eines Tages bestrafen würde.

Den schlimmsten Spott musste ich ertragen, wenn es regnete. Dann riefen einige Kollegen mir zu: »He Oswald, Wasser, Wasser!«, und imitierten mit ihren ausgestreckten Armen die Schwingbewegung einer imaginären Wünschelrute. Ich entgegnete meistens nur: »Halt's Maul!«, und achtete nicht weiter darauf. Doch diese Reaktion reichte schon aus, um die ganze Belegschaft in höhnisches Gelächter ausbrechen zu lassen.

Auch in Angelikas Familie verhielt man sich anfangs skeptisch gegenüber der unsichtbaren Energie. Dadurch wurde ich irgendwie ruhig und in mich gekehrt. Bei Familienbesuchen redete ich nicht mehr viel, worunter der Kontakt litt. Aber Angelika verstand meine Situation und hielt trotzdem zu mir.

Ich selbst war inzwischen sehr nachdenklich geworden. Meine Befürchtung war, dass mich niemand verstehen würde. Niemand konnte mit meinem Wünschelrutengehen etwas anfangen. So war mein Inneres von der Angst geprägt, als Versager dazustehen, als jemand, der sich mit einer unsichtbaren Energie beschäftigte statt mit dem alltäglichen Leben.

Der Vater von Angelika, der in der Schweiz sehr gut verdiente und in seiner Freizeit viel bei der Holzarbeit im Wald war, sah mein Hobby eher als nutzlos an. Der Grund dafür war verständlich. Er hatte nie zuvor von solchen Wünschelrutengehern gehört. Als wir ein Gespräch darüber führten, meinte er, dass das Brennholzrichten für die kalte Winterzeit doch viel wichtiger sei. Ich schwieg und dachte nur im Stillen: »Für denjenigen, der kein Wasser hat, ist Wasserfinden auch ganz passabel.«

Fast jeden Sonntag besuchten wir die Eltern von Angelika, um mit ihnen Karten zu spielen. Bei einem dieser Besuche hatte ich einen kleinen schwarzen Koffer bei mir, in dem sich alle meine radiästhetischen Werkzeuge befanden. Ich war damals in einem fortgeschrittenen Stadium des Wünschelrutengehens und nutzte jede Gelegenheit, im freien Gelände zu trainieren. An Sonn- und Feiertagen war der schwarze Koffer deshalb mein ständiger Begleiter.

Nachdem ich Angelikas Vater den Inhalt des Koffers erklärt hatte, fing er an zu zweifeln. Während des ganzen Kartenspiels ließ er nicht davon ab. Irgendwann war es mit meiner Geduld zu Ende. Ich zügelte meine innere Angst und sagte: »Warte mal, irgendwann wird mir dieser Koffer viel Geld einbringen.« Er schaute mich erstaunt an und ließ das Thema fallen. Die Entschlossenheit, mit der ich meine Überzeugung äußerte, musste ihn irgendwie beeindruckt haben. Daraufhin tranken wir ein Glas Wein zusammen, und unser Inneres war wieder friedlich.

Die Auseinandersetzung mit meinem Umfeld hatte meinen Trainingseifer weiter beflügelt. Da ich die Wünschelrute nach einigen weiteren Seminaren recht gut beherrschte, galt meine Neugierde zunehmend den physikalischen Zusammenhängen der Radiästhesie. Ich lernte langsam die Abhängigkeiten der einzelnen Energiefelder von den Naturphänomenen kennen. Vor allem das Zusammenspiel zwischen den unterirdischen Wasserquellen und dem Baumwuchs war ein unerschöpfliches Wissensgebiet.

Im Sommer 1985 traf ich bei einer meiner vielen Exkursionen mit einem alten Wünschelrutengänger zusammen.

Er hieß Alfons, war über 70 Jahre alt und hatte mehr als 40 Jahre Radiästhesieerfahrung hinter sich. Von ihm bekam ich den letzten Schliff in der Kunst des Wasserfindens.

Als sich in der Marktgemeinde Götzis schnell herumsprach, dass ich mit der Wünschelrute unterirdisch fließendes Wasser finden kann, kam eines Tages ein Mann auf mich zu. Er hieß Erich und sah ziemlich besorgt aus. Ich solle doch bitte auf seinem Feld nach Wasser suchen. Er müsse bei Trockenheit große Wasserfässer mit einem Pferdegespann zu seinem Acker bringen, um die Feldfrüchte zu gießen. Dies sei für ihn sehr anstrengend.

Mit der inneren Gewissheit, Wasser zu finden, begleitete ich Erich sofort zu seinem Grundstück. Ich lief mit großen Schritten über den Boden. Ungefähr in der Mitte des Feldes begann meine Wünschelrute, sich zu drehen. Daraufhin sagte ich zu Erich, er solle mir ein paar Holzpflöcke bringen, und markierte diese Stelle.

Von Alfons, dem Mann mit langjähriger Erfahrung, wusste ich, wie man die Tiefe des Wassers bestimmen konnte. Ich blieb an den markierten Stellen stehen und beobachtete, wie sich meine Rute etwa zehnmal drehte. Das bedeutete, dass in 10 Metern Tiefe das Wasser war. Dies teilte ich auch dem gespannt schauenden Erich mit.

Erich sagte: »Wenn das so ist, dann kann ich ja hier einen Brunnen schlagen.« Darauf entgegnete ich: »Ja, natürlich.« Erich schien zufrieden zu sein. Doch mir wurde ganz heiß, und ich dachte: »Hoffentlich ist da auch Wasser.«

Am nächsten Tag holte ich heimlich Alfons und bat ihn, meine markierte Stelle mit seiner Wünschelrute zu kontrollieren. Zum Glück bestätigte Alfons meinen Wasserfund. Ich war zwar erleichtert, doch ein Rest an Unsicherheit blieb.

Drei Wochen später kam Erich zu mir und sagte, er hätte einen Pumpbrunnen geschlagen, und es käme glasklares Wasser heraus. Der Druck sei so groß, dass die Wassersäule im Rohr sehr hoch steige. Schon durch einmaliges Pumpen fließe bei seiner Vorrichtung sofort Wasser ins Fass. Von nun an müsse er kein Wasser mehr von weither holen. Wir waren beide glücklich und dankbar, etwas vollbracht zu haben, an das wohl keiner geglaubt hatte.

Nach diesem Ereignis wurde die Nachfrage nach mir im Dorf und der Umgebung immer größer. Eines Tages fragte mich eine sachkundige Person, ob ich irgendwann einmal Vorträge über die Wassersuche in unserer Gemeinde halten könnte. Mein Selbstbewusstsein stieg beträchtlich, dass ich so gefragt war, und ich sagte mir: »Warum eigentlich nicht?« In den nächsten Wochen fing ich an, mir über den Vortrag Gedanken zu machen. Öffentliche Auftritte kannte ich von der Blaskapelle her. Von daher war es für mich nichts Neues, im Mittelpunkt zu stehen.

Mein Mut war so groß, dass ich tatsächlich einen Vortrag über Wassersuchen zusammenstellte und ihn einer kleinen interessierten Runde präsentierte. Nach diesem Vortrag fühlte ich mich nicht mehr als Lehrling. Ich konnte nicht nur erfolgreich mit der Wünschelrute umgehen, sondern auch öffentlich darüber reden. Damit war für mich der Zeitpunkt gekommen, noch tiefer in die Welt der unsichtbaren Energie vorzudringen.

Das Vertrauen in ein elfjähriges Mädchen
(1987–1992)

Es passierte im Herbst 1987. Damals war ich fest davon überzeugt, dass sich hinter unserer Alltagswelt eine Reihe von Phänomenen verbargen, von denen ich noch keine Ahnung hatte. So interessierte ich mich für alles, was auf den ersten Blick ungewöhnlich und unerklärlich erschien. Ich suchte auch Kontakt zu Gleichgesinnten, die meine Einstellung über die unsichtbaren Kräfte der Natur teilten.

Als ich durch einen Zeitungsartikel auf einen Vortrag über die »Pyramiden und ihre Energiefelder« aufmerksam gemacht wurde, fühlte ich mich angesprochen. Das Thema war mir neu, und ich wollte mehr darüber erfahren. Außerdem sollte der Vortrag von dem Naturheilkundigen Johannes gehalten werden, von dem ich ein interessantes Buch über Heilkräuter gelesen hatte. Ich freute mich darauf, den Mann persönlich kennen zu lernen.

Der Vortrag fand in Hohenems im Gasthof »Schäfle« statt. Etwa 30 Personen folgten den Ausführungen von Johannes. In deren Mittelpunkt standen Demonstrationen, wie man sich eine eigene Pyramide bauen konnte, um darin Obst und Gemüse frisch zu halten und die sich bildenden Energien geschickt zu nutzen. Die meisten Zuhörer hatten einen eigenen Garten und waren an solchen praktischen Tipps interessiert. Obwohl auch ich vor meinem Betriebshäuschen Gemüse züchtete, richtete sich meine Aufmerksamkeit mehr darauf, wie solche Wirkungen zu Stande kamen und wie die Pyramidenkraft, richtig angewendet, das körperliche Wohlbefinden steigern konnte.

Die Erklärungen von Johannes konnten mich diesbezüglich nicht ganz zufrieden stellen. So saß ich nach dem Vortrag mit einigen Personen zusammen und diskutierte mit ihnen. Unter ihnen befand sich auch eine Frau in meinem Alter, die ich vom Sehen her kannte. Sie hieß Monika und beschäftigte sich schon länger mit Handauflegen und spirituellem Heilen. Als sie erfuhr, dass ich die Wünschelrute recht gut beherrschte, griff sie das Thema sofort auf.

Monika hatte das Gefühl, dass bei ihr zu Hause etwas nicht stimmte. Sie hatte gelegentlich Spannungszustände im Kopf, die sie sich nicht erklären konnte. Auch ihr Arzt wusste darauf keine Antwort. So kam ihr die Idee, ob ihre Beschwerden nicht etwas mit unsichtbaren Wasseradern zu tun hätten.

Ich sagte Monika, dass ich ihr sehr gerne helfen würde, dies herauszufinden. Daraufhin lud sie mich ein, sie zu besuchen. Ich fühlte mich geschmeichelt, dass jemand so prompt mein Hilfsangebot angenommen hatte. Ich konnte aber nicht ahnen, dass diese zufällige Einladung mein ganzes Leben grundlegend verändern würde.

Monika lebte in einem zweistöckigen Haus nur mit einer Tochter zusammen. Das Mädchen hieß Alexandra und war damals elf Jahre alt. Als ich an dem verabredeten Nachmittag Monika aufsuchte, fiel mir sofort auf, dass Alexandra mich etwas sonderbar anschaute. Ich maß ihrem Blick zunächst aber keine Bedeutung bei und konzentrierte mich ganz auf meine eigentliche Aufgabe.

Ich durchschritt mit meiner Wünschelrute mehrere Male das Schlafzimmer von Monika. Bereits beim ersten Gang gab es deutliche Ausschläge. Ich machte einige Versuche und stellte fest, dass eine starke Wasserader genau unterhalb des Bettes an der Stelle verlief, wo sich das Kopfkissen befand. Darauf empfahl ich, die Schlafposition zu verändern, was Monika mit sichtlicher Erleichterung aufnahm.

Nachdem wir das Bett umgestellt hatten, gingen wir ins Wohnzimmer. Meine Gastgeberin stellte Kaffee und selbst gebackenen Kuchen auf den Tisch. Nachdem sich auch ihre Tochter zu uns gesellte, fing sie an, über ihre magischen Erfahrungen zu erzählen. Meine Demonstration mit der Wünschelrute hatte bei Monika offensichtlich den Wunsch geweckt, ihre eigenen Fähigkeiten ins rechte Licht zu rücken. Ich hörte ihr aber nur halbherzig zu, da ihre Ausführungen zu verworren und unverständlich für mich waren.

Eine ähnliche Empfindung musste wohl auch die kleine Alexandra gehabt haben, denn sie schien wie abwesend am Tisch zu sitzen. Nur ab und zu schaute sie zu mir herüber und richtete ihren Blick direkt auf meine Stirn. Als Monika endlich eine kleine Atempause einlegte, wurde der Blick des Mädchens noch intensiver. Dann brachte sie einen Satz hervor, der meine ganze Aufmerksamkeit auf einmal zurückkehren ließ.

»He du, Mann«, sagte Alexandra, »du siehst Dinge, wo andere nichts sehen.« Ich fühlte mich, als ob ich einen kleinen Stromschlag bekommen hätte. »Was«, fragte ich, »meinst du damit?« – »Ja, die Aura«, gab sie zur Antwort, als ob das Wort für sie eine Selbstverständlichkeit wäre.

Ich hatte bis dahin nie etwas von einer »Aura« gehört. Also schaute ich fragend zu Monika hinüber, der die plötzliche Gesprächigkeit ihrer Tochter offensichtlich etwas peinlich war. »Sie redet häufig solches Zeug«, sagte sie verlegen. Da ich merkte, dass sie mir nicht weiterhelfen konnte, wandte ich mich wieder Alexandra zu.

»Wieso kann ich Dinge sehen, wo andere nichts sehen?«, nahm ich ihre Worte wieder auf. »Du hast ein Zeichen auf der Stirn«, antwortete sie. »Was für ein Zeichen?«, lautete meine nächste Frage. Daraufhin stand Alexandra vom Tisch auf, holte aus ihrem Zimmer einen Schreibblock und malte kleine, runde Wolken darauf.

Als sie die Zeichnung anfertigte, dachte ich, dass das Kind nicht ganz normal sei. Auf der anderen Seite sprach sie mit einer solchen Überzeugungskraft, dass ich fasziniert war. Ihre Stimme wirkte fest und selbstbewusst, als ob sie schon erwachsen wäre. Deshalb beschloss ich, ihren Worten auf den Grund zu gehen.

Ich deutete auf die Zeichnung und sagte: »Wenn man so ein Zeichen auf der Stirn hat, kann man also etwas sehen, was andere nicht sehen. Ich sehe aber nichts Ungewöhnliches.« Alexandra dachte einige Sekunden nach. Es sah so aus, als ob sie ihre Antwort genauestens überlegen würde. Dann sprach sie die ominösen Sätze :

»Alles, was du siehst, ist echt. Um das Sehen zu lernen, musst du dich mit deinem eigenen Tod beschäftigen. Das Kommen und Gehen auf der Erde ist normal. Der Verstorbene, den wir im Sarg sehen, ist gar nicht tot, sondern sein Geist wird weiter existieren, nur in einer anderen Form.«

Ich war im ersten Moment sprachlos. Mir war zwar klar, dass mit »Kommen und Gehen« wohl das Geborenwerden und Sterben gemeint war. Überhaupt schienen die Sätze etwas ganz Wichtiges zu besagen. Auf der anderen Seite wusste ich nicht, was Alexandra eigentlich damit sagen wollte. So stand ich vor der Frage, wie ich mich jetzt zu verhalten hatte.

Ich entschied mich für den einfachsten Weg und tat die Worte von Alexandra als kindliches Phantasieren ab. Damit verlor ich auch die Lust an einem weiterführenden Gespräch mit ihr. Stattdessen wandte ich mich wieder Monika zu, die darüber sichtlich froh war. Wir fingen eine belanglose Unterhaltung an, während Alexandra sich wieder mit ihrem Zeichenblock beschäftigte.

Die Bedeutung der rätselhaften Sätze, die mir seit diesem Tag nicht mehr aus dem Kopf gingen, wurde mir erst später klar. Da Alexandra von Geburt an hellsichtig war, musste sie allmählich die Erfahrung machen, dass sie Dinge sah, die für die meisten anderen Menschen aus ihrer Umgebung unsichtbar waren. Deshalb hielt sie permanent Ausschau nach Personen mit der gleichen Fähigkeit wie sie, mit denen sie sich austauschen könnte. Sie lernte zwar solche Menschen nicht kennen, konnte aber sehen, dass manche dafür die Voraussetzung hatten. Diese Bedingung war das Zeichen an der Stirn, das so genannte Chakra, das auch als drittes Auge bezeichnet wird.

Als Alexandra das deutliche Chakrazeichen bei mir sah, wollte sie zuerst wissen, ob ich auch schon hellsichtig war. Deshalb sprach sie mich persönlich darauf an. Als sie aber merkte, dass ich von meiner potenziellen Hellsichtigkeit keine Ahnung hatte, wollte sie mich offensichtlich veranlassen, mich damit zu beschäftigen. Da fielen ihr wohl die Erfahrungen ein, die sie mit ihrer Hellsichtigkeit gemacht hatte.

Die erste Erfahrung bezog sich darauf, dass sich ein

Hellsichtiger selbst oft fragt, ob er tatsächlich Dinge sieht, die andere nicht sehen können. Alexandra hatte als Kind an ihren Wahrnehmungen zweifeln müssen, weil keiner ihr Glauben schenkte. Sie sah darin wohl auch einen möglichen Hinderungsgrund für mich. Um mich vor den kommenden Zweifeln zu bewahren, sagte sie deshalb: »Alles, was du siehst, ist echt.« Dieser Satz bezog sich natürlich auf die Zukunft, da mein Sehen zu dem damaligen Zeitpunkt noch gar nicht entwickelt war. Ein Erwachsener hätte gesagt: »Alles, was du sehen wirst, ist echt.«

Die zweite Erfahrung von Alexandra betraf den Grund, warum die anderen von ihrer Hellsichtigkeit nichts hören wollten. Das Kind musste wohl schon intuitiv gemerkt haben, dass sich Menschen in der Regel vor dem Tod fürchten. Da sie häufig gesehen hatte, dass Verstorbene gar nicht tot waren, sondern nur in eine andere Sphäre hinüberwechselten, war diese Furcht für sie unbegründet. So wollte sie nicht, dass mich die Angst vor dem Sterben an der Entwicklung der Hellsichtigkeit hindern sollte. Also sagte sie: »Um das Sehen zu lernen, musst du dich mit deinem eigenen Tod beschäftigen. Das Kommen und Gehen auf der Erde ist normal.«

Unglücklicherweise hatte die gute Absicht von Alexandra, mich zur Beschäftigung mit meiner Hellsichtigkeit zu bewegen, zunächst das Gegenteil bewirkt. Ich wandte mich innerlich erschrocken von ihr ab. Sie ließ sich aber dadurch nicht entmutigen. Vielmehr versuchte sie, mein Interesse erneut auf das Thema zu lenken.

Als Monika und ich einige Minuten lang unsere Unterhaltung fortsetzten, ohne Alexandra zu beachten, wurden wir plötzlich von ihr unterbrochen. Sie deutete mit ihrem Finger auf mich und sagte: »Und außerdem steht jemand neben dir.« Ohne mir große Gedanken zu machen, fragte ich im Gegenzug: »Wer?« Darauf entgegnete das Mädchen:

»Ja, so ein kleines Wesen. Das habe ich bei vielen Menschen gesehen. Auch bei meiner Oma. Aber das Wesen von der Oma war anders.«

Monika waren diese Ausführungen ihrer Tochter zu viel. »He, spinnst du jetzt komplett?«, rief sie. Anschließend wandte sie sich an mich und sagte entschuldigend: »Das Kind hat mir schon öfter erzählt, dass in der Küche jemand sitzen würde. Dann habe ich zu ihr gesagt: Hör auf, du hast zu lange ferngesehen. Deine Augen sind schon ganz eckig.«

Monika wollte damit das Thema endgültig beenden. Doch Alexandra mochte die ungerechte Beschuldigung der Mutter nicht auf sich sitzen lassen. Sie sagte frech: »Ich glaube, du hast selbst eckige Augen und siehst nicht richtig.« Zum Zeichen ihrer Verärgerung stand sie vom Tisch auf. Sie setzte sich auf den Boden in die Zimmerecke und fing an, mit ihrer Anziehpuppe zu spielen.

Es entstand eine peinliche Stille. Weder Monika noch ich hatten den Mut, unsere belanglose Konversation wieder aufzunehmen. Um die Situation zu retten, griff meine Gastgeberin das Stichwort Aura auf. Sie hätte davon schon mal gehört, wüsste aber nicht, was das genau bedeutete.

Ich schaute auf die Uhr und sagte, dass es Zeit wäre, nach Hause zu gehen. Ich hatte das Gefühl, dass es an dem Nachmittag keinen Sinn machen würde, weiter mit Monika oder Alexandra zu reden. Doch in meinem Inneren regte sich die Neugierde. Ich wollte wissen, was es mit dem Stirnzeichen, der Aura und dem Sehen auf sich hatte.

Seit dieser ersten Begegnung mit Alexandra hatte ich

den Drang, mit ihrer Mutter mindestens ein- bis zweimal in der Woche zu telefonieren. Bei unseren Telefonaten sprachen wir überwiegend über Menschen, die mit dem sechsten Sinn ausgestattet waren. Monika übte sich gerade in Kartenlegen und war sich sicher, dadurch die Zukunft voraussagen zu können. Meine Neugierde galt aber mehr ihrer Tochter, die anscheinend Dinge sah, die für andere unsichtbar waren.

Die Aufforderung von Alexandra, mich mit meinem eigenen Tod zu beschäftigen, zeigte bereits nach kurzer Zeit ihre Wirkung. Sie löste bei mir die Erinnerung an meinen Onkel Hermann aus, der 1960 bei einem Arbeitsunfall in der Schweiz ums Leben gekommen war. Plötzlich konnte ich mich ganz genau erinnern, wie ich sein Ableben prophezeit hatte. Es wurde mir auch bewusst, dass ich seit dieser Zeit eher vermied, über die Endlichkeit meines Lebens nachzudenken.

Mein Religionsunterricht mit den Moralpredigten des Pfarrers und meiner inneren Beklommenheit fiel mir wieder ein. Mit Erstaunen musste ich feststellen, dass der Gedanke an meinen Tod ähnliche Angstgefühle bei mir auslöste wie die Geschichten von Sünde, Himmel und Hölle. Mir wurde langsam klar, dass ich mir nicht klar war über den Sinn meines Lebens. Trotz der intensiven Beschäftigung mit unsichtbaren Energien und dem regelmäßigen Radiästhesietraining hatte ich mir bis dahin offensichtlich keine Gedanken über meine eigene Existenz gemacht.

Ich wollte so schnell wie möglich wieder mit Alexandra zusammentreffen. Sie erzeugte bei mir den Eindruck, mich auf meinem Lebensweg voranbringen zu können. Ich war gerade 30 Jahre alt und hatte das Gefühl, dass ich noch ungeheuer viel über die Welt lernen müsste. So sah ich sehnsüchtig dem Tag entgegen, an dem mich Monika wieder zu sich nach Hause einladen würde.

Etwa einen Monat nach unserer ersten Begegnung traf ich Alexandra wieder. Auch diesmal kam ich einfach zum Kaffeetrinken. Im Unterschied zu unserer ersten Begegnung suchte ich aber sofort das Gespräch mit dem Mädchen. Dies war ohne weiteres möglich, weil Alexandra mit am Tisch saß.

Nachdem ich ein wenig mit Monika geplaudert hatte, wandte ich mich direkt an ihre Tochter. »Wie schaut mein Zeichen auf der Stirn heute aus?«, fragte ich sie. Auch diesmal stand Alexandra auf, holte ihren Block und zeichnete eine kleine runde Wolke. Ich musste feststellen, dass sich die beiden Zeichnungen kaum unterschieden.

»Ist der Geist auch wieder da?«, setzte ich das Gespräch fort. »Ja«, lautete ihre schlichte Antwort. Daraufhin machte ich ein nachdenkliches Gesicht und sagte: »Wenn der Geist mich immer begleitet, warum merke ich nichts davon?« Alexandra schien einige Sekunden nachzudenken und sagte dann: »Du hast ihn gespürt. Am vergangenen Mittwoch. Da bist du in der Nacht aufgestanden, weil er dich geweckt hat. Er wollte sich bei dir bemerkbar machen und hat sich auf deine Brust gesetzt.«

Ich war ganz platt. Tatsächlich war ich in der besagten Nacht mit einem drückenden Gefühl auf der Brust plötzlich wach geworden. Ich musste mich aufrichten und einige Schritte machen, bis das Gefühl wieder fort war. So schaute ich Alexandra beeindruckt an und gab zu, dass sie Recht hatte.

Monika konnte mein Lob für ihre Tochter offensichtlich nicht so gut ertragen. Sie warf unvermittelt ein, dass sie schon oft von Schutzgeistern gehört hatte. Diese würden schreien oder laut lachen, um Menschen auf sich aufmerksam zu machen. Damit wollten sie zeigen, dass sie der jeweiligen Person nahe stehen.

»So, so«, sagte ich ironisch, »hoffentlich trachtet mir mein Geist aber nicht nach dem Leben wie der Sensenmann, der einen von der Erde holen will.«

Meine Gastgeberin schaute mich daraufhin etwas verwirrt an. Doch ihre Tochter nahm meine Bemerkung sehr ernst. »Nein«, sagte sie, »du brauchst keine Angst zu haben. Es ist ein freundlicher Geist. Der von der Oma schaut anders aus.«

»Wie?«, fragte ich gleichzeitig mit Monika.

»Der von der Oma ist heller. Das ist eine andere Ebene«, entgegnete das Mädchen.

»Was ist eine andere Ebene?«, fragten wir wieder spontan. Doch Alexandra schien die Frage nicht richtig zu verstehen. »Halt eine andere Ebene«, murmelte sie nur vor sich hin und stand auf. Ganz offensichtlich hatte sie keine Lust mehr, weiter ausgefragt zu werden. Ich blieb mit Monika am Tisch sitzen, ohne zu wissen, worüber wir jetzt reden sollten.

Es dauerte nur einige Minuten, bis ich auf die Uhr schaute, um meinen Abschied vorzubereiten. Ich hatte den Eindruck, dass mich irgendwelche unsichtbaren Augen die ganze Zeit beobachten würden. Ich konnte mich kaum noch auf die Unterhaltung konzentrieren. Mit dem Vorwand, dass meine Freundin auf mich zu Hause wartete, stand ich vom Tisch auf. Auf der Straße fing ich an zu laufen. Es kam mir vor, als stünden überall Geister, die plötzlich meine Verfolgung aufnahmen. Ich schloss mein Auto auf, sprang hinein und fuhr mit quietschenden Reifen davon.

Ich kann nicht sagen, dass ich Angst gehabt hätte. Es war vielmehr ein ungewohntes Gefühl der Bedrängung. Mein Körper war innerlich ganz heiß geworden. Ich wollte so schnell wie möglich zu Hause sein, um mich kalt abzuduschen.

Angelika empfing mich mit einem erstaunten Blick. »Was ist denn passiert?«, fragte sie besorgt. Ich sagte zunächst nichts, sondern ging direkt in das Badezimmer. Erst nachdem ich mich abgekühlt hatte, setzte ich mich aufs Sofa und erzählte meiner Lebensgefährtin alles, was bei Monika vorgefallen war.

»Schlaf dich richtig aus, dann wird sich alles beruhigen«, war ihre knappe Reaktion. Sie hatte meinen Zustand offensichtlich nur als eine vorübergehende Störung empfunden. Die hellseherischen Fähigkeiten von Alexandra schienen sie überhaupt nicht zu interessieren. Auch meine Faszination für das Mädchen ließ sie völlig unbeeindruckt. Sie wollte eigentlich gar nichts davon wissen, was sich genau an dem Nachmittag abgespielt hatte. Umso mehr stieg mein Verlangen, mich bald wieder mit Alexandra zu unterhalten.

Der Gedanke, das Mädchen wieder zu sehen, war wie ein Sog. Diesmal ging ich aber einen direkten Weg. Ich rief Monika an und fragte, wann ich sie und ihre Tochter wieder besuchen dürfte. Sie nannte mir einen Termin in der darauf folgenden Woche. Ich zählte die Tage, bis es so weit war.

Die Zeit verging aber nicht ungenutzt. Ich ließ die letzte Begegnung immer wieder vor meinem geistigen Auge ablaufen und stellte mir dabei eine Frage. Wie war es möglich, dass Alexandra von meinem nächtlichen Aufwachen wusste? Mochte sie irgendwelche unsichtbaren Geister oder Zeichen auch mit bloßem Auge wahrnehmen, erklärte diese Fähigkeit doch nicht die Tatsache, dass sie Geschehnisse aus der Vergangenheit erriet, denen sie niemals selbst beigewohnt haben konnte.

Die Antwort darauf fand ich einige Monate später. Alexandra hatte die Fähigkeit, sich in den Trancezustand, der auch als Alphazustand bezeichnet wird, zu versetzen. In diesem Zustand kann man in die geistige Sphäre einer anderen Person hineinschlüpfen und alles sehen, was diesen Menschen in seinem Leben besonders bewegt hat. In einem fortgeschrittenen Stadium kann man im Trancezustand sogar in weitere Ebenen der betreffenden Person schauen.

Zum damaligen Zeitpunkt wusste ich aber noch nichts über einen solchen Zustand. Stattdessen dachte ich, dass Alexandra mit dem Geist im Stillen reden konnte. Er musste ihr folglich ins Ohr geflüstert haben, was er an dem besagten Mittwoch bei mir gemacht hatte. Diese Erklärung verstärkte nur noch mein Verlangen, den Geist selbst sehen zu können.

Als ich das dritte Mal Monika in ihrem Haus besuchte, war es von vornherein klar, dass ich eigentlich nur mit ihrer Tochter sprechen wollte. Meine Gastgeberin hatte im Grunde genommen nichts dagegen, wollte nach außen aber den Schein wahren, als ob der Besuch ihr gelten würde. Also saß sie die ganze Zeit mit am Tisch, während ich mich mit Alexandra unterhielt.

Durch die beiden anderen Begegnungen hatte Monika begriffen, dass sie ihrer Tochter nicht widersprechen sollte. Sie hatte zwischendurch weitere Bücher über Magie gelesen und konnte gelegentlich mit fachmännischen Bemerkungen aufwarten. So entstand beim Kaffeetrinken eine recht komische Situation. Während ich mit einem hellsichtigen Mädchen über die reale Welt der Geister sprach, gab ihre Mutter Buchweisheiten über Magie zum Besten. Unsere Unterhaltung hörte sich in etwa so an:

Alexandra sagte plötzlich: »He, siehst du den da drüben?«

Ich: »Was ist da?«

Alexandra: »Ein neuer Geist.«

Ich: »Wie sieht er aus?«

Alexandra: »Wie ein kleiner Zwerg, ziemlich pummelig. Er hat eine drollige Figur, eine dicke Nase und ist so bläulich wie der Rauch aus Mamas Zigarette.«

Ich: »Ich kann nichts sehen.«

Alexandra kam auf mich zu und drückte mir die Hand auf die Stelle zwischen den Augen. Dann ging es mit dem Gespräch weiter.

Alexandra: »Wenn ich hier drücke, kannst du besser sehen. Siehst du jetzt?«

Ich: »Nein.«

Monika: »Du musst den irdischen Verstand ausschalten.«

Ich: »Warum?«

Monika: »So steht es in dem Buch über die armen Seelen. Wenn man den Zugang finden will, kann man dies nicht mit dem irdischen Verstand tun.«

Ich (ironisch): »Ach, ja?«

In dieser Form ging die Unterhaltung einige Zeit weiter. Ein Fremder, der uns zugehört hätte, hätte sicherlich gedacht, dass wir alle drei verrückt wären. Ich machte mir darüber aber keine Gedanken. Zu stark war ich von den hellseherischen Fähigkeiten des Mädchens fasziniert.

Alexandra war bemüht, mir etwas zu zeigen. Ich beschäftigte mich gedanklich aber mehr mit ihr als mit dem, was sie angeblich sah. So überlegte ich zum Beispiel, warum sie mir die Finger auf die Stirn und nicht auf eine andere Körperstelle legte, und fragte sie danach.

»Dadurch wird es größer«, gab sie zur Antwort. Diese Aussage war für mich auf Anhieb verständlich.

Durch das Fingerauflegen fügte Alexandra meinem dritten Auge die Energie zu, die erforderlich war, um es wachsen zu lassen, dachte ich spontan. Also war die Fähigkeit zum Hellsehen auch organisch bedingt. Sie konnte sich durch Wärmezufuhr entwickeln, so wie jeder Organismus Energie braucht, um zu wachsen. Damit ich also sehen lernen konnte, musste ich mich voll dem Mädchen als Energiegeber anvertrauen.

Ich versuchte, mich voll und ganz auf Alexandra zu konzentrieren. Ihre Mutter brachte mich aber immer wieder aus dem Konzept. In dieser Situation kam mir meine innere Stimme zu Hilfe. Sie gab mir Anweisungen, was ich zu tun hatte.

Während meiner Besuche meldete sich meine innere Stimme recht häufig. Einmal passierte es, als Monika vom Tisch aufstand und ein Buch von Rudolf Steiner holte. Sie schlug das Kapitel »Magie« auf und fing an, daraus vorzulesen. Plötzlich funkte es in meinem Kopf dazwischen. Eine innere Stimme flüsterte mir zu: »Nichts für dich, nichts für dich.« Ich erschrak so stark, dass ich auf die Worte von Monika nicht mehr hörte. Stattdessen warf ich einen Blick auf Alexandra. Das Mädchen schien sich für die Lektüre genauso wenig zu interessieren wie ich. Es saß gelangweilt da und wartete, bis die Mutter mit dem Vorlesen fertig war. Dann war da wieder diese eigenartige Stimme. Als Alexandra von den unsichtbaren Dingen erzählte, die sie gerade sah, sagte sie zu mir: »Hör hin, hör hin.« Von dem Moment an setzte ich mein Vertrauen mehr in Alexandra als in ihre Mutter.

Seit dem dritten Treffen, als Alexandra uns von dem pummeligen Zwerg erzählte, kam ich mindestens einmal pro Woche zu Besuch. Jedes Mal drehte sich das Gespräch um dasselbe unsichtbare Wesen.

Ich kann heute nicht mehr sagen, wie oft das Mädchen den Zwerg beschrieb, ohne dass ich ihn zu sehen bekam. Eines Nachmittags im Januar 1988 war es aber so weit.

Nach einer starken Konzentrationsphase, in der mir Alexandra fast eine Minute lang die Finger auf die Stirn legte, sah ich plötzlich eine kleine bläuliche Wolke in der Ecke des Zimmers schweben. Ich war zunächst fasziniert. Dann fühlte ich mich so müde, dass die Figur wieder verschwand. Ich versuchte, mich erneut zu konzentrieren, bekam sie aber an diesem Nachmittag nicht mehr zu sehen.

Das erste seherische Erlebnis hatte meinen Ehrgeiz angestachelt. Ich fing an, mir selbst die Finger auf die Stirn zu legen, um mein drittes Auge schneller wachsen zu lassen. Für diese Übung opferte ich etwa eine Stunde Zeit täglich.

Die Fortschritte ließen nicht lange auf sich warten. Fast in jeder Sitzung mit Alexandra konnte ich immer mehr Details in der Gestalt des pummeligen Zwerges erkennen. Er sah tatsächlich so aus, wie das Mädchen ihn beschrieben hatte. Ich war von dem Anblick total beeindruckt.

Meine seherischen Fähigkeiten konnte ich zunächst nur in Anwesenheit von Alexandra entfalten. Nur wenn das Mädchen mein drittes Auge energetisch aufgeladen hatte, war ich stark genug, mich für kurze Zeit in Trance zu versetzen. So fragte ich mich, wie ich auch ohne fremde Hilfe meine Hellsichtigkeit entwickeln konnte. Die Antwort darauf fand ich in diversen Büchern, die sich mit Chakra und Aura beschäftigten.

Ausschlaggebend waren Konzentrationsübungen, bei denen ich meine Sinne völlig auszuschalten versuchte und meine innere Energie zu der Stelle auf der Stirn fließen ließ. Zu diesem Zwecke legte ich mich täglich aufs Sofa, presste die Finger auf mein drittes Auge und versuchte, an nichts zu denken. Als mir dies zum ersten Mal aus eigener Kraft gelang, fuhr ich erschrocken auf. Ich hatte das Gefühl, als ob ich in ein tiefes, schwarzes Loch fallen würde.

Nach einigen intensiven Trainingswochen konnte ich ganz von selbst in die Welt der unsichtbaren Energien hineinschauen. Das Erste, was ich dabei sah, waren kleine Wesen, die sich auf der Wiese vor meinem Haus aufhielten. Sie machten auf mich einen drolligen Eindruck. Ich kam mir vor, als ob ich im Fernsehen einen Märchenfilm sehen würde.

Die Geister ähnelten ein wenig dem pummeligen Zwerg aus Monikas Wohnzimmer. Auch sie bestanden aus blauem Dunst, waren aber etwas dünner und kleiner als dieser. Ich bekam sie nur für zwei bis drei Sekunden zu sehen. Für eine längere Betrachtung reichte meine innere Energie offensichtlich noch nicht aus.

Als ich Alexandra von den kleinen Wesen erzählte, entgegnete sie nur geringschätzig: »Ja, ja, die sehe ich schon lange.« Über ihre Anwort hatte ich mich zunächst etwas geärgert. Dann sagte ich mir aber, dass ich noch mehr trainieren müsste, um mindestens genauso gut zu sehen wie sie.

Ich hatte mein Training tatsächlich weiter intensiviert. Dafür musste ich in Kauf nehmen, dass in meiner Beziehung zu Angelika Spannungen entstanden. Meine Freundin stand eigentlich meinen privaten Nebenbeschäftigungen ziemlich tolerant gegenüber. Ab einem bestimmten Punkt wurde es ihr aber etwas zu viel.

Einmal, als ich auf dem Sofa lag, mit den Fingern auf der Stirn, sprach sie mich an: »Jetzt reicht es mir mit deinem starren Blick. Du machst mir ja Angst.« Man muss sich vorstellen, dass ich so regungslos dalag, als wäre ich schon hinübergeschwebt in eine andere Dimension.

Im Grunde genommen machte mir die Kritik meiner Freundin wenig aus. Trotzdem musste ich mich mit ihr so arrangieren, dass mein Training sie möglichst wenig störte. Dies war insofern machbar, als ich etwa eineinhalb Stunden früher mit meiner Arbeit fertig war als sie. So versuchte ich, seit dieser Auseinandersetzung mit Angelika während der Woche zwischen 16 und 17.30 Uhr zu üben.

Am Wochenende war die Situation schwieriger. Insbesondere die regelmäßigen Sonntagsbesuche bei ihren Eltern waren spannungsgeladen. Meine Freundin hatte Angst, dass ihre Eltern meiner geheimen Leidenschaft auf die Schliche kommen würden. Für sie war es zu der Zeit undenkbar, ihrer Mutter oder ihrem Vater erklären zu müssen, dass ihr Lebensgefährte die Aura der Geister sehen konnte.

Obwohl ich niemals bei Angelikas Eltern über meine Hellsichtigkeit sprach, saß sie die ganze Zeit angespannt am Tisch. Einmal musste ihre innere Anspannung so groß gewesen sein, dass sie mir mitten beim Kartenspielen den Ellbogen in die Rippen stieß. Als ich sie überrascht anschaute, zischte sie mir leise zu: »Hör auf!« Ich wusste im ersten Moment nicht, was sie von mir wollte.

Der Mutter musste etwas aufgefallen sein, denn sie fragte, ob etwas nicht in Ordnung sei. »Ach nichts«, antwortete Angelika verlegen und wandte sich voll dem Kartenspiel zu. Sie machte an diesem Nachmittag aber so viele Spielfehler, dass die Eltern merkten, dass sie etwas bedrückte. Sie fragten nochmals nach, bekamen von Angelika aber keine Antwort.

Als wir wieder daheim waren, fragte mich Angelika entrüstet, was ihre Eltern dabei denken sollten, wenn ich sie so starr anblicken würde, als ob ich Glasaugen hätte. Zum Glück beruhigte sie sich dann wieder, und ich erklärte ihr, dass ich wohl für einen kurzen Moment abwesend gewesen war und mich auf mein drittes Auge konzentriert hätte. Im Raum hätte ich unerklärliche Energiegebilde gesehen, die mich vom Kartenspielen abgelenkt und zu dem gläsernen Blick geführt hätten, dessen Anblick Angelika sofort mit einem Rippenstoß quittiert hatte.

Ende 1988, als mein drittes Auge schon recht gut entwickelt war und meine Übungen keine großen Fortschritte mehr erzeugten, suchte ich nach neuen Trainingsformen. Ein Buch kam mir dabei zu Hilfe. Es hieß »Über die Heilkraft der Edelsteine« und beschrieb, wie man damit die Energien des Körpers aktivieren konnte. Besonders interessant war dabei ein blauer Mineralstein mit dem Namen »Azurit«, der angeblich die Kraft hatte, das dritte Auge zu vergrößern.

Für 70 Schweizer Franken konnte man einen Azurit bei einem Versandhändler in Basel bestellen. Ich griff sofort zum Telefonhörer und führte die Bestellung aus. Der Stein sollte in den nächsten Tagen kommen. Ich war die ganze Woche auf der Hut, um die Sendung abzufangen, bevor Angelika sie zu sehen bekommen konnte.

Das Päckchen mit dem Stein kam, und ich wollte sofort damit üben. Also ließ ich mich auf dem Sofa nieder, legte mir den Azurit auf die Stirn und begann, mich zu konzentrieren. Ich war so bei der Sache, dass ich darüber einschlief. Erst die Stimme von Angelika, die zu der gewohnten Zeit von der Arbeit zurückkam, riss mich aus meiner Versenkung.

»Was machst du denn da?«, fragte sie. Ich setzte mich aufrecht hin und brauchte einige Sekunden, um die Situation zu erfassen. Bei der ruckartigen Bewegung fiel der Stein auf den Boden und blieb dort unauffällig liegen. Ich hoffte, dass Angelika ihn nicht gesehen hatte und versuchte, mich dumm zu stellen.

»Ich habe einfach nur geruht«, sagte ich mit möglichst gleichgültiger Stimme. »Und der Stein?«, kam die bohrende Frage. »Ach der Stein, der dient nur der Entspannung«, entgegnete ich. »Erzähl mir keine Märchen«, platzte es aus ihr heraus.

Es hatte keinen Sinn, mich weiter zu verstellen. Also erzählte ich meiner Freundin, wozu der Stein eigentlich diente. Sie hörte aufmerksam zu und erkundigte sich anschließend nur nach dem Kaufpreis. Ich sagte: »10 Schweizer Franken«, worauf sie mich nur kopfschüttelnd anstarrte. Nach dieser Unterhaltung hatte ich nur einen Gedanken im Kopf: »Lass dich nie wieder beim Training erwischen.«

Dies war aber so gut wie unmöglich. Immer, wenn ich die Übungen durchführte, verlor ich das Empfinden für die Zeit. So passierte es ab und zu, dass Angelika von der Arbeit nach Hause gekommen war, ohne dass ich es gemerkt hatte. Dann stand sie plötzlich mitten im Zimmer, schaute mich merkwürdig an und sagte: »Sind wir wieder außerirdisch tätig?«

Dieser Zustand konnte nicht ewig dauern. Also nahm ich eines Abends meinen ganzen Mut zusammen und sprach das Thema ganz offen an. Ich zeigte Angelika ein Buch über das dritte Auge und die Übungen, die für dessen Entwicklung notwendig waren. Dabei versuchte ich bei ihr um Verständnis für mein Training zu werben.

Meine Freundin zeigte Verständnis für meine Übungen. Seit diesem Abend unterließ sie es, mich darauf anzusprechen oder Bemerkungen darüber zu machen. Im Gegenzug versprach ich ihr, in ihrem Umfeld nicht über meine Hellsichtigkeit zu reden.

Zu dieser Zeit fing ich an, die Auren der Menschen konturenhaft zu erkennen. Dabei fiel mir vor allem auf, dass sie sich farblich sehr unterschieden. Ich fragte mich, was dies zu bedeuten hatte, fand aber keine Antwort darauf. So ließ ich es dabei beruhen und erfreute mich einfach an den Farbunterschieden. Eines Tages konnte ich mich damit aber nicht mehr zufrieden geben.

Es war im Frühjahr 1989. Auf dem Markt in Götzis erblickte ich plötzlich einen Mann, der von dunklen Schatten umgeben war. Der Anblick wirkte so fürchterlich, dass ich richtig Gänsehaut bekam. Er riss mich aus dem Alphazustand heraus, sodass ich den Mann mit meinen irdischen Augen ansah.

Der Mann war etwa 55 Jahre alt und im Gesicht ganz aschfahl. Unter seinen Augen hatten sich dunkle Ränder gebildet. Der Mann musste doch krank sein, dachte ich. Vielleicht hatten die Farbunterschiede etwas mit dem Gesundheitszustand zu tun?

Meine Annahme erwies sich als richtig. Durch häufiges Beobachten der Aura konnte ich feststellen, dass graue und dunkle Farben gesundheitliche Probleme bedeuteten. Helle und leuchtende Farben dagegen waren als Hinweise zu verstehen, dass es der betreffenden Person gut ging.

Das Erkennen von Farbkontrasten erwies sich dadurch als der erste Schritt zu meiner diagnostischen Fähigkeit.

Seit ich mit dem Stein intensiv trainieren konnte, besuchte ich Alexandra seltener. Ich suchte nach anderen Möglichkeiten, mich über meine Hellsichtigkeit auszutauschen. Dafür bot sich mein Nachbar Stefan an, mit dem ich bereits einige gemeinsame Übungen mit der Wünschelrute absolviert hatte. Er zeigte zuvor ein gewisses Interesse, stand aber der ganzen Sache ziemlich skeptisch gegenüber.

Als ich Stefan von den farblich unterschiedlichen Auren erzählte, hörte er aufmerksam zu. Er war aber nicht überzeugt. Ironisch bemerkte er, dass man kranke Menschen auch mit bloßem Auge von gesunden unterscheiden könnte. Dazu brauchte man sich nicht irgendwelche Auren anzuschauen.

Die Meinung von Stefan änderte sich schlagartig, als ich meine hellseherische Fähigkeit auf einen seiner Bekannten richtete. Dies geschah rein zufällig. Stefan hatte einen Kollegen namens Hermann, der ein leidenschaftlicher Motorradfahrer war. Mit diesem Mann verbindet sich eine Geschichte, die eine neue Entwicklungsstufe meiner Hellsichtigkeit eröffnete.

Als Hermann wieder mal bei Stefan zu Besuch war, kam ich auch spontan dazu. Wir unterhielten uns eine Weile über recht belanglose Sachen. Ich konnte nicht lange bleiben, weil Angelika mit dem Essen auf mich wartete.

Erst am nächsten Tag traf ich mich wieder mit Stefan und konnte ungestört mit ihm reden.

»Dein Kollege lebt nicht mehr lange. Er fällt vom Motorrad«, sagte ich gleich zur Begrüßung. Stefan zuckte nur mit den Achseln und öffnete sich eine Flasche Bier. »Du glaubst mir wohl nicht«, fuhr ich provozierend fort. Doch Stefan quittierte auch diese Aussage nur mit einem leichten Kopfschütteln.

Ich war von meiner Meinung deshalb so überzeugt, weil Hermann eine sehr sonderbare Aura hatte. Eigentlich war seine Aura ganz farblos, als ob er gar keine Energie um sich hätte. Ich weiß nicht genau, warum ich seinen Tod in Verbindung mit einem Motorradunfall brachte. Es schien mir vielleicht nahe liegend, dass ein Mensch, der kaum über innere Kräfte verfügte, durch ein Unglück ums Leben kommen musste.

Hermann starb einige Monate später. Er erlitt bei einem seiner Kollegen einen tödlichen Herzinfarkt. Kurz zuvor war er noch mit dem Motorrad unterwegs. Es ist durchaus möglich, dass der Anfall schon während dieser letzten Fahrt begann oder durch die Fahrt ausgelöst wurde.

Als ich Stefan daran erinnert hatte, dass er meiner Prophezeiung keinen Glauben schenken wollte, antwortete er zunächst nur, dass die ganze Geschichte verrückt sei. Dann aber schaute er mich angstvoll an und sagte: »Hör auf, ich will nichts mehr davon wissen.« Ich wusste, dass ich mit ihm nie wieder über die unsichtbare Welt reden würde. Seine Reaktion zeigte, dass seine Angst größer war als seine Neugierde.

Seit dieser Begegnung war mir klar geworden, dass meine Hellsichtigkeit nicht nur mit positiven Erfahrungen verbunden war. So befand ich mich ein bisschen in der Zwickmühle. Warum sollte ich weiter trainieren, wenn ich die Früchte meiner Bemühungen kaum jemandem mitteilen konnte? Vielleicht wäre es doch besser, das Schicksal nicht herauszufordern und die Ereignisse so zu nehmen, wie sie kamen?

Doch die Zweifel wurden schnell durch meine innere Stimme zerstreut. »Vertraue der Energie«, flüsterte sie mir immer wieder ins Ohr. Ich richtete mich danach und setzte meine Übungen fort. In mir stieg die Zuversicht, dass meine Hellsichtigkeit für etwas gut sein sollte. So suchte ich immer wieder nach Möglichkeiten, mit anderen Menschen darüber zu reden.

In der Ziegelei hatte ich einen Arbeitskollegen, mit dem ich mich besonders gern neckte. Eigentlich bestand unsere Unterhaltung in der Hauptsache darin, dass wir uns gegenseitig auf den Arm nahmen. Hans, so hieß der Mann, war von Beruf aus Metzger und jagte leidenschaftlich gerne. Er war mager und hatte ein weißes, blasses Gesicht.

Eines Tages ging ich mit Hans über das Gelände der Ziegelei. Ich erzählte ihm, dass ich hinten beim Gebüsch schon seit längerem drei Geistgestalten sehen würde. Sie ähnelten den Gnomen aus Märchenbüchern, waren aber etwas größer. Hans winkte nur mit seiner Hand ab und sagte: »Jaja, du siehst auch schon die grünen Männchen.« Dabei sah ich die Wesen mit so einem starken Farbkontrast, dass sie ein Nichthellsichtiger schon hätte bemerken können.

Wochen später spazierten wir beide wieder hinter der Firma in Richtung Gebüsch. Hans war gut gelaunt. »Schau her«, sagte ich, »die drei lustigen Geistgestalten sind wieder da.« – »Sag mir, wo«, entgegnete Hans spontan und fuhr fort: »Zeig mir den Punkt genau. Ich hole das Jagdgewehr und schieße sie einfach weg. Du sagst mir dann, ob die drei nach den Schüssen noch da stehen oder ob sie verschwunden sind.«

Wie von einem Blitz getroffen, zuckte ich zusammen. Daraufhin sprach eines der Geistwesen zu mir: »Tu das ja nicht, schweige.« Es kam mir vor, als wäre ich in einer total anderen Dimension, zu der ich vorher noch nie Zugang hatte. Die Geistige Welt hatte mich offensichtlich gewarnt, nicht jedem Menschen alles zu zeigen, was sie mir zeigt.

Ich habe über diese Warnung nachgedacht und fand sofort eine Erklärung dafür: Der Mensch müsse zuerst sein Bewusstsein erweitern und alles Leben im Universum achten und akzeptieren lernen, bevor er etwas über die anderen Sphären erfahren darf.

Eines war mir ab dem Moment klar: Verrate nie mehr geistige Geheimnisse, sei still. Mein irdischer Verstand kehrte wieder zurück. Hans fragte: »Wo sind nun die Geister?« – »Ach, ich kann sie nicht mehr sehen«, sagte ich und winkte verlegen ab. Daraufhin ließ er von seinem Vorhaben ab und ging zurück zu seiner Arbeit. Dieses Ereignis hatte mein Bewusstsein stark erweitert. Ich sah Dinge, die andere Kollegen nicht sehen konnten. Ich war darüber hinaus in der Lage, in solchen Situationen mit der Geistigen Welt zu kommunizieren. Ich wartete nur darauf, diese Erfahrung wieder machen zu können. Einige Tage später, mitten bei der Arbeit, stand Hans in meiner Nähe. Ich hatte in mir das Gefühl, plötzlich wieder in einer anderen Dimension zu sein. Ich schaute ihn an und hatte den Eindruck, durch ihn durchsehen zu können. Daraufhin sagte ich spontan zu Hans: »Jetzt weiß ich, warum du so ein weißes, blasses Gesicht hast. Weil du Tiere schlachtest und dabei zusiehst, wie beim sterbenden Lebewesen das Blut austritt. Das tote Tier ist dann bleich und du auch.« Hans ballte seine Hand zur Faust und wollte mich schlagen. Bevor es so weit kam, war ich schon einige Meter weit weg von ihm. Wir zwei wechselten zwar seitdem nie mehr ein Wort über geistige Dinge, blieben aber trotzdem gute Kollegen, die ihren Spaß bei der Arbeit hatten.

Ab 1990 war mein Leben voll mit solchen Begegnungen, in denen die Geistige Welt mit dem alltäglichen Leben zusammenstieß. Ich konnte vieles sehen, konnte damit letztendlich aber wenig anfangen. Langsam merkte ich auch, dass das Sehen alleine mich kaum noch befriedigte. Ich fragte mich stattdessen, welchen Sinn die geistigen Erscheinungen eigentlich hatten.

In dieser Zeit passierte ein weiterer Zwischenfall. Er betraf den Sohn meines Nachbarn Milan. Dieser hieß Goran und war ein bildhübscher Junge. Von Anfang an hatte ich viel Sympathie für ihn.

Als ich mein Haus auf dem Betriebsgelände bezog, war Goran sechs Jahre alt. Ich spielte sehr gerne mit ihm und fühlte mich auch sonst irgendwie zu ihm hingezogen. Mit der fortschreitenden Entwicklung meiner Hellsichtigkeit sagte mir eine innere Stimme, dass ich auf den Jungen besonders aufpassen sollte. Ich folgte ihr und sah bei Goran immer wieder nach dem Rechten.

Milan und Goran kamen aus dem früheren Jugoslawien. Als in den Neunzigerjahren der Kosovokrieg ausbrach, bekam Goran eine Einberufung zum Militär. Er absolvierte damals in der Ziegelei eine Lehre als Betriebselektriker. Ich hatte eine dunkle Vorahnung und warnte Milan davor, seinen Sohn in den Krieg zu schicken. Er wollte sich aber mit den Behörden seines Heimatlandes, dessen Staatsbürger er noch war, nicht anlegen und ließ Goran in den Krieg ziehen.

Über ein Jahr lebten wir in Angst um Goran. Meine innere Stimme sagte mir immer wieder, dass er nicht lange leben würde. Trotz dieser Vorahnung sprach ich mit niemandem darüber. Stattdessen war ich immer ganz aufgeregt, wenn Milan Briefe aus seinem Heimatland bekam. Jedes Schreiben konnte eine schlimme Nachricht enthalten.

Es kam aber ganz anders. Goran kehrte im Herbst 1997 unversehrt von der Front zurück. Wir waren sehr glücklich, dass er alles so gut überstanden hatte. Ausnahmsweise konnte ich mich richtig darüber freuen, dass sich meine hellseherischen Ahnungen als falsch erwiesen.

Anlässlich der glücklichen Rückkehr seines Sohnes hatte Milan angekündigt, zu seinem Geburtstag ein großes Fest zu geben. Am Geburtstag seines Vaters führte Goran in der Ziegelei Reparaturarbeiten in der Brennkammer durch. Vater und Sohn besprachen am Nachmittag noch miteinander, dass die Grillparty etwa um 18.00 Uhr auf dem Betriebsgelände beginnen sollte. Goran sagte, dass er zuvor noch einen Kollegen besuchen müsse und deshalb etwas später kommen würde.

Die Party war voll im Gang. Niemand von den Gästen bemerkte, dass Goran fehlte. Nur Milan war aufgefallen, nachdem er abends zu Hause vorbeigeschaut hatte, dass die Arbeitsschuhe von Goran nicht im Flur standen. Milan dachte, dass sein Sohn vielleicht noch mit seinem Kollegen unterwegs sei.

Als Goran am nächsten Morgen noch immer nicht da war, wurde im ganzen Betriebsareal nach ihm gesucht. Zu diesem Zeitpunkt wurde schon Schlimmes vermutet. Schlussendlich fand ein ehemaliger Mitarbeiter Goran im Tunnelofen tot auf dem Boden liegen. Er war ohne ersichtlichen Grund von der Rampe gefallen.

Milan wurde geholt und konnte im ersten Moment nicht einmal weinen oder schluchzen. Allen Beteiligten saß der

Schock tief in den Gliedern, hatten sie doch am Vortag unweit der Unglücksstelle noch gefeiert.

Zu der Zeit, als Goran verunglückte, war ich nicht mehr in der Ziegelei tätig. Dennoch besuchte ich Milan sehr häufig. Einige Tage nach dem Tod seines Sohnes ging ich mit ihm zu der Unfallstelle.

Dort angekommen, nahm ich meine ganze innere Kraft zusammen und versetzte mich in Trance. Als ich durch mein drittes Auge schaute, wollte ich dem Anblick erst nicht trauen. Goran war als eine milchige Geistgestalt noch an der Unfallstelle zu sehen. Er deutete mit seiner Hand auf die Rampe, von der er gestürzt war. Dabei machte er eine Geste, als ob er das Geschehene nicht verstehen würde.

»Du bist gestürzt und lebst nicht mehr«, flüsterte ich in Richtung des fassungslos dreinblickenden Goran. Der schaute mich fragend an. »Ja, du bist tot und brauchst hier nicht mehr zu bleiben«, sagte ich im Geiste noch einmal zu ihm. Er schien mich verstanden zu haben, denn plötzlich löste sich der Geist auf, und ich konnte niemanden mehr sehen. Sofort war der Satz von Alexandra wieder in meinem Kopf, dass der Verstorbene ja nicht tot sei, sondern nur in eine andere Sphäre hinüberwechsle. Das Kommen und Gehen auf der Erde sei normal, ob Jung oder Alt.

Ich fragte mich, wie viele verschiedene Energiekörper der Mensch im Universum wohl hat. Dabei war Goran doch schon beerdigt. Seine Seele müsste also schon im Jenseits sein, aber sein Geist war trotzdem an der Unfallstelle sichtbar.

Wie konnte das sein? Ich sehe nur eines deutlich, dass nämlich der vermeintlich Verstorbene tatsächlich in einer anderen Energieform, die nur von einem Aurasichtigen wahrgenommen werden kann, noch existiert.

Das Diesseits und Jenseits hat noch viele Geheimnisse, die durch die Weiterentwicklung der Aurasichtigkeit von jedem, der sich mit diesen Energien befasst, gelüftet werden können.

Ich ging auf Milan zu, umarmte ihn und sagte, dass sein Sohn auf einer anderen Ebene weiterlebe. Er schaute mich aber weiterhin abwesend an. Es dauerte einige Tage, bis er sich von dem Schock erholte. Er hat aber nie wieder zu seiner früheren Fröhlichkeit zurückgefunden.

Einige Monate später besuchte ich wieder Monika und Alexandra. Ich erzählte ihnen von meinen hellsichtigen Erfahrungen. Alexandra bestätigte mir, dass sich mein drittes Auge phantastisch entwickelt hatte. Ich habe Alexandra viel zu verdanken. Ohne ihre Hilfe wäre ich vielleicht nicht so schnell aurasichtig geworden.

Die Besinnung auf freies Leben
(1993–2000)

Etwa seit 1993 konnte ich die Aura der Menschen, Tiere und Pflanzen sehr deutlich erkennen. Auch das Kommunizieren mit der Geistigen Welt im Trancezustand war für mich mühelos. Dennoch blieb ich zurückhaltend. Ich hatte dafür auch einen Grund.

»Was hast du eigentlich davon, dass du hellsichtig bist? Hast du doch viele Skeptiker und angstvolle Menschen um dich herum«, dachte ich im Stillen. »Du bist nicht in der Lage, dich den anderen verständlich zu machen, geschweige denn, ihnen zu helfen. Die ständige geistige Aufforderung deiner inneren Stimme, der Energie zu vertrauen, hilft dir auch nicht weiter.«

Ich versuchte zunächst, mich über diese Zweifel hinwegzusetzen, aber mein irdischer Verstand ließ nicht locker: »Auch wenn die anderen dich verstünden, was hätten sie davon? Mit der Wünschelrute kannst du wenigstens Wasseradern aufspüren und den Menschen dadurch bei der Lösung ihrer Probleme helfen. Welche Probleme lassen sich aber durch die Hellsichtigkeit lösen? Auch wenn du weißt, dass jemand bald sterben wird, kannst du sein Schicksal doch nicht abwenden.«

Diese und ähnliche Gedanken gingen mir durch den Kopf. Ich merkte dabei, dass sie meine Persönlichkeit veränderten. In Gesellschaft wirkte ich nicht mehr so aufgeschlossen wie früher. Auch zog ich es meistens vor, mich mit mir selbst zu beschäftigen, anstatt Geselligkeit und Unterhaltung mit anderen Menschen zu suchen.

Das Grübeln dauerte einige Monate und führte zu immer neuen Bedenken. Dabei schien mein weltlicher Verstand regelrecht mit mir zu ringen. Die Erfahrungen des Alltags rückten immer mehr in den Vordergrund und verdeckten zunehmend die Freude an der geistigen Beschäftigung.

»Auch wenn du deine Angst vor dem Tod überwunden hast und das Kommen und Gehen auf der Erde für normal hältst, weißt du eigentlich nicht, welchen Sinn das irdische Leben hat«, stellte ich eines Tages nüchtern fest. »Es kann doch nicht sein, das wir nur deshalb auf der Welt sind, um anschließend in eine andere Sphäre hinüberzuwechseln. Du musst dir ein neues Lebensziel suchen, um aus dem Grübeln herauszukommen. Verlasse dich nicht darauf, dass die Geistige Welt dir alles abnehmen wird.«

Ich las zur damaligen Zeit einige Bücher über fernöstliche Philosophen. Darin war oft von Seelenwanderung als dem ewigen Los des Menschen die Rede. Über allen diesen Darstellungen menschlicher Schicksale schwebte der Satz, dass das eigentliche Ziel der Weg sei. Ich hatte aber keine Lust, mein ganzes Leben mit Meditation oder Konzentrationstraining zu verbringen, ohne die Früchte dieser Übungen auf der Erde zu ernten.

Nach dieser Lektüre grübelte ich noch intensiver: »Wozu lebe ich noch, wenn ich vielleicht schon reif für den Übergang bin? Manche Menschen brauchen Jahrzehnte, um sich geistig in den Sphären zu bewegen, in denen ich nach knapp fünfjährigem Training ein- und ausgehe. Chinesische Mönche üben bis zum letzten Tag ihres irdischen Daseins, um ihre Seele von der ewigen Wiederkehr des Gleichen zu befreien.« Ich fühlte mich zwar durchaus frei, wusste aber vorerst damit nicht allzu viel anzufangen.

Alle diese Überlegungen führten mich zu einer Erkenntnis: »Du bist mit deinem Leben nicht zufrieden, weil du aus dem, was du kannst, keinen praktischen Nutzen ziehst. Du siehst kranke Menschen, kannst ihnen aber nicht helfen. Du siehst traurige Menschen, kannst ihnen aber nicht die Sorgen nehmen. Du siehst, wie sich Menschen aus Furcht und Verzweiflung ins Unglück stürzen, kannst sie aber nicht davon abhalten. Im Gegenteil: Du machst ihnen noch mehr Angst, wenn du sie auf ihr Unglück ansprichst. Du wirst erst dann zufrieden leben können, wenn du anderen helfen kannst, ein zufriedenes Leben zu führen. Doch wie sieht ein solches Leben aus?«

Ich brauchte sehr viele Jahre, um diese Frage zu beantworten. Im Ansatz war mir die Antwort aber von Anfang an klar. Zufrieden ist der Mensch nur dann, wenn sich seine Kräfte in einem stabilen Gleichgewicht bzw. in der Balance befinden. Diese Balance bezieht er sowohl aus seinen körperlichen Energien als auch aus seiner Seele.

Was ich von der äußeren Natur her wusste, schien auch auf die Psyche des Menschen zuzutreffen. Die Seele wird wie der Körper durch äußere und innere Kräfte beeinflusst. Dieser Einfluss macht sich in Gedanken und Gefühlen bemerkbar, die das Leben der jeweiligen Person bestimmen. Je mehr die Gedanken und Gefühle die Wirklichkeit so akzeptieren, wie sie ist, desto seelisch stabiler und freier ist der Mensch. Je stärker sie sich dagegen an der Realität reiben und sie verändern wollen, desto unzufriedener und unfreier ist der Mensch.

Nach diesen Überlegungen war mir einiges klar. Ich fühlte mich nicht zufrieden, weil ich mich nicht so akzeptierte, wie ich war. De facto konnte ich mit dem Aurasehen in der Praxis noch nichts anfangen. Also sagte ich mir: »Lebe mit deiner Hellsichtigkeit, als ob sie ganz normal wäre. Es hat überhaupt keine Bedeutung, dass du Dinge siehst, von denen andere keine Ahnung haben.«

Dieser Gedanke wirkte richtig befreiend auf mich. Da meine Hellsichtigkeit mir offensichtlich keinen praktischen Nutzen bot, musste ich mir darüber auch nicht den Kopf zerbrechen. Ich trainierte zwar weiter, weil ich einfach gespannt war, was ich noch alles zu sehen bekommen würde. Ein besonderes Ziel war vorerst aber nicht damit verbunden.

Anders verhielt es sich mit der Radiästhesie. Der praktische Nutzen meiner Fähigkeiten auf diesem Gebiet lag klar auf der Hand. Doch bisher setzte ich mein Können nur bei denjenigen ein, die nach mir verlangten und Vertrauen in meine Fähigkeit hatten. Außerdem beschränkte sich mein Wirkungskreis bisher auf meine nähere Umgebung. Dies sollte sich jetzt ändern. Ich wollte in ganz Österreich oder sogar im angrenzenden Ausland als Wünschelrutengänger bekannt werden. Es war nahe liegend, dass ich dies am besten durch Vorträge über Radiästhesie und das Aurasehen erreichen konnte.

Ich hatte grundsätzlich keine Probleme, vor fremden Leuten über diese Themen zu referieren. Erstens war ich durch das Musizieren daran gewöhnt, in der Öffentlichkeit aufzutreten. Zweitens konnte ich meine Fähigkeit augenscheinlich demonstrieren und hatte dafür auch viele Beispiele zur Hand. Schließlich erwartete ich zu meinen Vorträgen nur Zuhörer, die ein echtes Interesse an den Themen hatten. Deshalb sagte ich mir: »Wer mich verstehen will, wird mich schon verstehen.« Doch so einfach war es nicht, mich als »Wünschelrutengänger« und »Auraseher« öffentlich zu erkennen zu geben.

Den größten Widerwillen, in der Öffentlichkeit aufzutreten, hatte ich in meinem Heimatdorf. Hier, wo die Menschen über diese Themen noch nicht viel gehört hatten und man mich als ausgelassenen Lausbuben in Erinnerung hatte, war es mir besonders unangenehm, über die unsichtbaren Kräfte der Natur zu reden. Sogar in meinem Elternhaus ging ich diesem Thema zuerst am liebsten aus dem Weg.

Seit ich 1978 Außervillgraten verlassen hatte, hatte sich sowohl im Dorf als auch in meinem Elternhaus einiges verändert. Alle meine acht Geschwister waren selbstständig und gingen ihren eigenen Lebensweg. Nur mein zweitältester Bruder Michael war zu Hause geblieben und bestellte zusammen mit meinem Vater den Hof. Er war verheiratet und hatte auch schon Kinder.

Unser landwirtschaftlicher Betrieb war erheblich modernisiert worden. Bei fast allen Arbeiten kamen elektrische Maschinen zum Einsatz. Auch das Haus wurde großzügig ausgebaut. Die Familie meines Bruders verfügte über ihren eigenen Wohnbereich mit zwei separaten Räumen. Das Familienleben spielte sich aber nach wie vor in der Essküche und in der großen Wohnstube ab, wo sich alle in der kalten Winterzeit an den behaglichen Kachelofen setzten.

Mein Bruder hatte natürlich ein Auto und konnte alle notwendigen Besorgungen ohne große Mühe erledigen. Er fand sogar Zeit, im Winter als Skilehrer etwas dazuzuverdienen. Seine Kinder fuhren jeden Morgen mit einem Bus zur Schule. Von einem vier Kilometer langen Fußmarsch konnte für sie keine Rede sein.

Im Ortskern war eine geräumige Schule gebaut worden. Auch eine neue Gaststätte und ein paar Ferienwohnungen gab es inzwischen. Auf den Straßen herrschte vor allem in der Wintersaison ein reger Betrieb.

Trotz dieser äußeren Veränderungen blieben die Ortsbewohner im Inneren ihrer Herzen gleich. Was sie selbst nicht sehen oder begreifen konnten, taugte für sie auch nicht viel. So verspürte ich die ganze Zeit keine große Lust, mich in meiner Heimat zu erkennen zu geben. Doch es kam alles ganz anders, als ich dachte.

Als ich einmal auf Kurzbesuch in Außervillgraten weilte, fragte mich meine Schwägerin Cilli, ob ich einen Vortrag über das Finden von Wasseradern halten würde. Im ersten Moment fühlte ich mich geschmeichelt. Dann dachte ich aber, dass dies mehr riskant als nützlich wäre. Also antwortete ich nur, dass ich mir das noch überlegen müsse.

Ich fühlte mich hin- und hergerissen. Auf der einen Seite war es für mich kaum vorstellbar, in dem Dorf, in dem man ja nur die Bibel kannte, über unsichtbare Energien zu reden. Auf der anderen Seite hatte ich durchaus den Mut, den ansässigen Bauern zu zeigen, dass es außerhalb des irdischen Daseins mehr gibt als nur Himmel und Hölle.

Nach einiger Zeit entschloss ich mich dann doch, den Vortrag zu halten. Eine Frage blieb aber unbeantwortet: »Wie kann ich die hiesigen Skeptiker von der Wünschelrute überzeugen?« Eine Demonstration würde bei ihnen

155

wahrscheinlich nur den Anschein erwecken, dass ich mich mit einem faulen Trick wichtig machen wollte.

Wie konnte man unwissenden Menschen die unsichtbare Energie zeigen, fragte ich mich grundsätzlich. Mein Zugang zur geistigen Ebene war zu dieser Zeit schon weit fortgeschritten. Also versetzte ich mich in den Trancezustand, um mir aus dieser Sphäre Rat zu holen. Tatsächlich ließ mich meine innere Stimme nicht im Stich.

»Wenn du unwissende Menschen erreichen willst, lenke ihre Aufmerksamkeit auf die Pflanzenwelt«, sagte die innere Stimme. »Wo die Pflanze saftig und fett gedeiht, ist die Energie in Ordnung. Wo sie aber im Wachstum gehemmt ist, fließt die Energie nicht richtig. Das blockierte Wachstum ist für jeden Unwissenden praktisch sofort sichtbar. Nicht du, sondern die Natur wird die Menschen überzeugen.«

Ich dankte der Geistigen Welt für den Ratschlag und machte mich an die Arbeit. In meiner Wohngegend am Bodensee gab es eine Vielzahl von Bäumen, die sich durch eine ungewöhnliche Wachstumskurve auszeichneten. Besonders erstaunlich war dabei, dass manche dieser Bäume in einer Baumgruppe standen und dennoch eine völlig andere Gestalt zeigten als ihre Artgenossen. Häufig sahen sie krank oder verkrüppelt aus. Manche von ihnen hatten einen Stamm, der zunächst zwei Meter lang gerade nach oben ging und dann plötzlich um neunzig Grad zur Seite abknickte. Andere schlängelten sich wie eine Spirale um einen imaginären Stock in ihrer Mitte herum.

Die einfachste Erklärung für solche Phänomene war, dass der einzelne Baum eine wie auch immer geartete Krankheit hatte. Doch damit konnte man nicht erklären, warum die anderen Bäume nicht darunter litten. In Wirklichkeit lag der Grund in unterirdischen Wasseradern. Die Bäume fühlten sich durch die Strahlung beeinträchtigt und versuchten, dem negativ geladenen Energiefeld auszuweichen.

Ich hatte den Grund von vielen krumm gewachsenen Bäumen mit der Wünschelrute untersucht. Jedes Mal konnte ich genau feststellen, dass sich der Einfluss der unterirdischen Magnetfelder in der Wachstumskurve widerspiegelte. So machte ich Dias einerseits von gesunden, kranken und krebsknotigen Bäumen, andererseits von dem von mir markierten Störungsverlauf der Wasseradern. Auf diese Weise entstand wunderbares Beweismaterial, das die unsichtbaren Energien sichtbar machte.

Die Bilder der sichtbar gemachten Energiefelder und deren Störeinflüsse in der Natur waren das Kernstück meines Vortrags. Sie sollten die Zuhörer davon überzeugen, welche Kraft die unterirdische Wasserader auf Pflanzen und Bäume ausübt. Somit war auch diese Hürde genommen, in meinem Heimatdorf einen Auftritt zu wagen. Entsprechend dem gesammelten Beweismaterial gab ich dem Vortrag den Titel: »Wasseradern und Erdstrahlen – deren Einfluss auf Mensch und Natur«.

Der Vortrag fand im Herbst 1995 im Gemeindesaal von Außervillgraten statt. Etwa 60 Personen, Bauern und Bäuerinnen sowie ehemalige Schulkameraden von mir, waren anwesend. Aus ihren fragenden Gesichtern konnte ich deutlich gespannte Neugierde ablesen. Dahinter verbarg sich aber mehr als nur gesunder Wissensdurst.

Als ich die Anwesenden durch mein Geistiges Auge betrachtete, wurde mir bewusst, dass viele von ihnen mit ihrem Leben unzufrieden waren. Darüber hinaus bemerkte ich bei einigen die Angst, etwas zu sehen und zu hören, was sie vielleicht nicht verstehen würden. In ihrer Aura wirkten sie äußerst gespannt. Diese aggressive Grundhaltung konnte sich jederzeit entladen.

Ich war damals zum ersten Mal mit einer solchen Situation konfrontiert. Heute weiß ich, dass sie bei einer Gruppe von Menschen, die mit ihrem Leben unzufrieden sind, häufig vorkommt. Diese versuchen grundsätzlich, neuen Erkenntnissen und Erfahrungen aus dem Wege zu gehen. Lässt sich dies nicht vermeiden, gehen sie zum Angriff über.

Die Angriffe der Unzufriedenen bestehen darin, alles in Frage zu stellen, was sie nicht begreifen können bzw. was von ihnen eine Veränderung ihrer Sicht- oder Lebensweise erfordert. Mit ihrer Skepsis wollen sie sich davor schützen. Weil sie voller Furcht sind, glauben sie, dass jede Veränderung ihre Unzufriedenheit noch weiter steigern würde. De facto ist es umgekehrt. Aber davon wollen die Unzufriedenen zunächst nichts wissen und lassen durch ihre skeptische Haltung das Neue nicht an sich heran.

Vor diesem Gremium aus Neugierigen und Skeptikern hielt ich meinen Vortrag. Ich begrüßte zunächst die Anwesenden und versuchte, mit ein paar einleitenden Sätzen an sie heranzukommen, ungefähr so:

»Wie Sie wissen, sind wir als lebender Organismus von Magnet- und Strahlungsfeldern umgeben. Ohne diese natürlichen Erdmagnetfelder könnte kein lebendes System existieren. Dadurch sind wir aber auch gewissen Risikofaktoren ausgesetzt. Wer könnte uns den besseren Beweis dafür bringen als die Pflanzenwelt? Die Natur reagiert immer richtig – und was sie macht, kann doch nicht falsch sein.«

Als ich mit meiner Einführung fertig war, schaute ich

wieder durch mein Geistiges Auge. Meine Erkenntnis war ernüchternd. Zwar stieg die Erwartungshaltung bei einigen Neugierigen noch, doch die Skeptiker blieben völlig unbeeindruckt.

Ich fuhr mit dem Vortrag fort und fing an, die Bilder von den krumm gewachsenen Bäumen zu zeigen. Ich schloss die Frage an, wie man sich solche Erscheinungen erklären könnte. Als ich nach einer kurzen Diskussion auf die wahre Ursache der unterschiedlichen Wachstumskurven hinwies, regte sich bei den Skeptikern natürlich Widerstand. Es sei doch Blödsinn, sagten einige Bauern, dass unterirdische Wasseradern das Wachstum und die Fruchtbarkeit von Pflanzen beeinflussen würden.

Ich war auf solche Angriffe vorbereitet. Deshalb blieb ich ruhig und sagte, dass es einen weiteren, viel besseren Beweis dafür gebe. Die Auswirkungen von Wasseradern und Erdstrahlen auf die Natur könnte man noch genauer bei der Viehzucht beobachten. Durch den Hinweis auf den Bereich, von dem die meisten Dorfbewohner lebten, wurden die skeptischen Bauern hellhörig.

Ich fragte in die Runde, ob alle Kühe in den Stallungen der Anwesenden die gleiche Milchmenge abgeben und ob sich alle Kälber gleich gut entwickeln würden. Als danach ein munteres Gespräch entstand und einige Bauern auf ihre Probleme bei der Viehzucht hinwiesen, fragte ich nach den Gründen dafür. Diesmal war die Frage rein rhetorisch gemeint, denn ich fügte im selben Atemzug hinzu, dass die Wasseradern eine der Ursachen dafür sein könnten:

»Zu wenig Milchproduktion oder eine Wachstumsschwäche bei Kälbern werden häufig dadurch verursacht, dass die Tiere auf einer Wasserader stehen. Bereits eine kleine Veränderung des Stallplatzes kann dazu führen,

159

dass sich die Tiere erheblich besser fühlen und damit ihr Organismus funktionsfähiger wird.«

Bei den meisten der Zuhörer war damit das Eis gebrochen. Sie sahen plötzlich die Möglichkeit, ihren wirtschaftlichen Ertrag durch die Beseitigung einer möglichen Störung zu verbessern. Als ich anschließend noch praktisch demonstrierte, wie einfach es für mich war, eine unterirdische Wasserader mit der Wünschelrute zu lokalisieren, war die Nachfrage geweckt. Zwei der anwesenden Bauern kamen auf mich zu und baten mich, ihre Stallungen radiästhetisch zu untersuchen.

Auch wenn ich die härtesten Skeptiker nicht überzeugen konnte, war der Vortrag in meinem Heimatort im Großen und Ganzen ein Erfolg. Ich hatte sogar das Gefühl, dass einige Dorfbewohner richtig stolz auf mich waren. Sie sahen in mir nicht nur den Mann, der ihnen den Zugang in eine andere Dimension gezeigt hatte, sondern ich war auch einer aus ihrer Mitte, der sie auf diesen Weg brachte.

Der öffentliche Auftritt in Außervillgraten hatte auch positive Auswirkungen auf mein privates Umfeld. Zum einen bekam ich wieder Kontakt zu den Menschen, die ich von meiner Kindheit und Jugend her kannte. Eine dieser Personen war meine ehemalige Schulkameradin Bernadette, von deren Schicksal im ersten Kapitel die Rede war.

Zum anderen veränderte der Vortrag die Einstellung meiner Familie zu meiner Beschäftigung mit den unsichtbaren Energien. Nachdem ich einigen Bauern in der Gegend mit der Wünschelrute geholfen hatte und Bernadette freimütig über die Heilwirkungen des Quellwassers sprach, wurde auch mein Vater neugierig. Er fragte mich immer häufiger danach, wie ich mir meine Fähigkeiten beigebracht habe und was man damit machen konnte. Die eigentliche Probe sollte aber erst eineinhalb Jahre später kommen.

Im Sommer 1997 war ich bei meinen Eltern zu Besuch. Bei dieser Gelegenheit erklärte mir mein Bruder Michael, dass es nach einer längeren Trockenheit nun Probleme gebe, genug Wasser für den Haushalt und das Vieh zu haben. Anschließend fragte er mich, ob es möglich wäre, oberhalb des Hofes im Wald, wo die eigentliche Hausquelle gefasst war, mit der Wünschelrute nach Wasser zu suchen. Michael bewirtschaftete damals noch zusammen mit meinem Vater den Hof, sah sich aber immer mehr allein in der Verantwortung.

Spontan sagte ich meinem Bruder, dass es kein Problem für mich sei. So verabredeten wir, dass ich mich am Nachmittag an Ort und Stelle umschauen sollte.

Zu der besagten Zeit brach ich zusammen mit meinem Vater auf. Wir gingen den steilen Hang bis zur kleinen Quelle hoch, die unseren ganzen Hof mit Wasser versorgte. Die Quelle war schon fast ausgetrocknet. Es musste auf jeden Fall etwas unternommen werden.

Ich schritt mit der Wünschelrute in großer Umgebung den Waldboden ab. Zuerst sah es düster aus. Die Wünschelrute gab kein Zeichen von sich. Doch nach wenigen Metern, unweit der Quelle, gab es sichtbare Ausschläge. Mein Vater sah gespannt zu, wie sich die Wünschelrute bewegte. Ich sagte ihm, dass genau hier in drei Meter Tiefe Wasser sei, und markierte die Stelle mit einem Ast.

Der vertrocknete Waldboden gab nicht das geringste Anzeichen dafür, dass darunter fließendes Wasser sein könnte. So schaute mich mein Vater ungläubig an. Dennoch entgegnete er, dass er versuchen werde, an dieser

Stelle zu graben. Daraufhin gingen wir zurück zum Hof und genossen im Kreis der Familie den Abend.

Mein Vater setzte alsbald seine Worte in die Tat um und ließ sich dabei von dem Gerede im Dorf nicht irritieren. Er schaufelte und hackte mehrere Tage in dem steilen, trockenen Waldboden. Nachdem das Loch eine Tiefe von zwei Metern erreicht hatte und noch immer kein Wasser zu sehen war, trat eine kritische Phase ein. Ich hätte es meinem Vater nicht verdenken können, wenn er zu diesem Zeitpunkt die ganze Unternehmung als Blödsinn abgetan hätte.

Doch mein Vater blieb hart. Er grub weiter bis ca. zweieinhalb Meter. Da wurde die Erde plötzlich feucht und nass. Als er dann noch etwas tiefer grub, kam tatsächlich schönes, klares Wasser aus dem Erdboden.

Nach diesem Fund war die ganze Familie begeistert. Danach ging es an die Arbeit. Die Quelle wurde neu gefasst und ein großes Reservoir angelegt. Von nun an hatte man auf dem Hof wieder genug Wasser für den Eigenbedarf.

Meine Mutter erzählte mir, dass sich mein Vater anschließend etwas seltsam benahm. Er saß des Öfteren am Tisch und redete mit sich alleine. Dabei wiederholte er häufig den Satz: »Ja, gibt's denn das, ja, gibt's denn das.« Er konnte wohl lange nicht begreifen, wie ich mit so einer einfachen Methode ein so wichtiges Wirtschaftsgut für den Hof finden konnte.

Bei einem unserer nächsten Gespräche griff ich das Thema auf. Ich erinnerte meinen Vater daran, dass Moses auch schon Wasser gefunden hatte. Was damals wie ein Wunder aussah, lasse sich heute leicht erklären. Nicht nur ich sei in der Lage, Wasser mit der Wünschelrute zu finden. Vielmehr trage jeder diese Fähigkeit in sich und müsse sie nur aktivieren. Nach diesem Gespräch schien mein Vater noch mehr Verständnis für die unsichtbaren Kräfte der Natur aufzubringen und seine wundersamen Selbstgespräche hörten abrupt auf.

Überhaupt hatte die Geschichte mit dem Wasserfund in meiner nächsten Verwandtschaft dafür gesorgt, dass man mit mir viel offener Themen ansprach, die einen bedrückten, für die man aber keine Lösung wusste. Meine Schwägerin Cilli, die damals gerade mit ihrem fünften Kind schwanger war, erzählte mir eines Abends, dass sie unter Schlafstörungen litt. Sie wachte regelmäßig gegen zwei Uhr nachts auf und war nass geschwitzt. Das Ehebett stand seit Jahren an derselben Stelle.

Meine Untersuchungen mit der Wünschelrute ergaben, dass Cilli auf einer Wasserader schlief. Durch die Umstellung des Ehebetts stellte sich recht schnell eine Besserung ein. Die Schwitzanfälle ließen merklich nach. Nach kurzer Zeit konnte meine Schwägerin die Nacht problemlos durchschlafen.

Ähnlich verhielt es sich mit ihrem zweitältesten Sohn Reinhard. Auch er schlief auf einer Wasserader, die bei ihm energetische Blockaden verursachte. Als Folge davon bekam mein Neffe regelmäßig Zornesausbrüche. Um die Blockade zu entkrampfen, musste er die angestaute Energie auf aggressive Weise ablassen.

Ich hatte Reinhards Problem sowohl durch die Untersuchung mit der Wünschelrute als auch durch das Anschauen seiner Aura festgestellt. Es war nicht das erste Mal, dass ich meine radiästhetischen Fähigkeiten mit meiner Hellsichtigkeit kombinierte, um einem Menschen zu helfen. Tatsächlich erwiesen sich meine Empfehlungen, den Jungen woanders schlafen und ihn einige Entkrampfungsübungen machen zu lassen, als richtig. Das Temperament meines Neffen beruhigte sich schlagartig, und er wuchs als ausgeglichenes Kind auf.

Nach diesen ersten Erfolgserlebnissen, anderen Menschen auch durch das Aurasehen zu helfen, meldete sich bei mir wieder der Wunsch, einen praktischen Nutzen aus meiner Hellsichtigkeit zu ziehen. Diesmal waren meine Zielvorstellungen aber erheblich konkreter. Ich wusste, dass meine Fähigkeiten vor allem dort gefragt waren, wo die klassischen Möglichkeiten der Medizin an ihre Grenzen stießen oder nicht auf Anhieb zu gewünschten Ergebnissen führten. Dies war zum Beispiel dann der Fall, wenn Menschen eine Energieblockade in ihrem Körper trugen, die aber so unauffällig war, dass man sie bei einer normalen ärztlichen Untersuchung nicht auf Anhieb erkennen konnte. Auf diese versteckten Krankheitsherde richtete ich mein drittes Auge

Ich trainierte praktisch jeden Tag das Aurasehen. Zu diesem Zweck beobachtete ich auf der Straße einfach Leute, die an mir vorbeigingen. Diese merkten nichts von meinen Übungen. Da ich die Farben in der Aura mit einem deutlichen Kontrast sah, machte es mir richtig Spaß, die Menschen heimlich zu studieren.

Zu diesem Zeitpunkt war ich bereits in der Lage, energetische Blockaden mit dem dritten Auge recht schnell zu erkennen und zu lokalisieren. Diese machten sich als Ausstülpungen oder Löcher in der Aura bemerkbar. Wenn zu viel oder zu wenig Energie an der betreffenden Stelle vorhanden war, ließ die Größe der Formabweichung auf die Beschwerden und Disharmonien bei der jeweiligen Person schließen.

Um meine Aurasichtigkeit zu erweitern, besuchte ich ab

1994 Seminare von Joa Cok Sui. Er war ein philippinischer Heiler, der die Aura fühlen und deren Beschaffenheit abtasten konnte. Ich als Aurasichtiger stellte ein Pendant zu Joa dar. So war es allzu verständlich, dass er sehr gern mit mir zusammenarbeitete.

Joa brachte mir nicht nur die Technik des Aurasehens über einen anderen Weg als Alexandra bei. Er führte mich auch in das Feld der heilpraktischen Untersuchungen hinein. Ein Seminarerlebnis hat dabei meine gesamte Entwicklung als Hellsichtiger geprägt. Es sorgte dafür, dass ich meine Fähigkeit der Wissenschaft zur Verfügung stellen konnte.

Joa fühlte gerade die Aura eines Seminarteilnehmers, als er mich fragte, was ich sehen würde. Viel Grau und eine löchrige, zerrissene Aura, antwortete ich. Er bestätigte meine Wahrnehmung und sagte: »Okay, du siehst die Blockaden richtig.« Dann fügte er hinzu, dass ich jetzt etwas Neues lernen könnte.

Joa ging zu einem anderen Teilnehmer und tastete ihn ab. Plötzlich sagte er zu mir: »Schau dir sein Blut an.« »Was?«, entgegnete ich. »Ja, schau in sein Inneres, und du wirst sehen, ob sein Blut dick oder dünn ist.«

Ich folgte der Aufforderung von Joa, war aber im ersten Moment nicht konzentriert genug. Daraufhin versetzte ich mich erneut in den Trancezustand und schaute die Blutbeschaffenheit an. Das erste Bild, das sich vor meinem Geistigen Auge abzeichnete, war ein sehr dickes, schlammiges Blut. Ich sagte zu Joa: »Dick und zäh, auf keinen Fall dünn.«

Joa zeigte sich zufrieden. War es doch mein erstes Schauen in eine andere, noch tiefere Dimension. Er nannte dies die diagnostische Ebene des Aurasehens. Nachdem

Joa das Blut auch als dick und zäh charakterisierte, begannen wir, über unseren Befund zu diskutieren.

Der Mann, den wir angeschaut hatten, war etwa zwanzig Jahre alt und übergewichtig. Er hatte ein aufgedunsenes Gesicht. Nach kurzer Befragung bestätigte er uns, dass sein Blutdruck seit einiger Zeit ständig erhöht war.

»Oh«, dachte ich, »da könnte meine geistige Wahrnehmung tatsächlich stimmen. Dickes, zähes Blut ist vielleicht ein Risikofaktor.« Joa teilte offensichtlich meine Einschätzung, denn er sagte laut: »Dickes Blut fördert die Gesundheit nicht.« Wir kamen überein, dass der Mann einen Arzt aufsuchen und sich behandeln lassen sollte.

Nach diesem Seminar kam ich auf die Idee, mir mein eigenes Blut anzuschauen. Als ich dies tat, traute ich kaum meinem Geistigen Auge. Mein Blut sah aus, als ob es matt und leer wäre. Es ähnelte einer Pflanze, die dringend Wasser benötigte.

Zu der Zeit war meine Vitalität tatsächlich etwas aus dem Gleichgewicht. Ich hatte des Öfteren am Tage Müdigkeitsanfälle, obwohl meine Nachtruhe regelmäßig war. Da kam mir spontan eine Heilpraktikerin in den Sinn, die ich vor Jahren bei einem Vortrag kennen gelernt hatte. Ich wusste nicht mehr genau, worüber wir damals sprachen, konnte mich aber daran erinnern, dass sie in ihrer Praxis auch Blutuntersuchungen machte. Sie nannte diese Untersuchung »Dunkelfeldmikroskopie«.

Ich fuhr zur Heilpraktikerin und bat sie, mein Blut zu untersuchen. Claudia, so hieß die Frau, war dazu spontan bereit. Sie freute sich offensichtlich, dass ich sie nicht vergessen hatte. Bevor sie aber mit der Untersuchung begann, klärte sie mich über die Methode auf.

Bei der Dunkelfeldmikroskopie nach Professor Dr. Enderlein benötigt man einen Tropfen Blut des Patienten. Dieses wird unter einem Dunkelfeldmikroskop untersucht. Aus dem Mikroskopbild könnte man auf die Ursachen einer Erkrankung schließen, wodurch eine Symptombehandlung unnötig wäre. Unter Berücksichtigung der individuellen Entstehungsgeschichte einer Krankheit habe ein Arzt damit die Möglichkeit, selbst bei scheinbar unheilbaren Krankheiten erfolgreich zu therapieren.

Nach der Untersuchung erklärte mir Claudia, dass mein Blut schon erste, leichte gesundheitliche Belastungen aufweisen würde. Meine Nierenwerte waren auch nicht die besten. Ich sollte mich einer Behandlung unterziehen. Dafür hatte Claudia auch die geeignete Therapie anzubieten.

Nach der Behandlung kontrollierte sie wieder mein Blut und war mit dem Ergebnis zufrieden. Meine Werte hatten sich normalisiert. Ich selbst fühlte mich wieder fit und dankte ihr für ihre Hilfe. Wer weiß, wie lange meine Müdigkeit ohne Behandlung noch gedauert hätte. Vielleicht wären weitere Beschwerden aufgetreten. So war ich froh, dass ich die Situation noch rechtzeitig erkannt und darauf reagiert habe.

Nach diesem Ereignis fing ich an, medizinische Bücher über den menschlichen Organismus zu lesen. Ich wollte mir noch mehr Fachwissen aneignen, das mir beim Aurasehen behilflich sein konnte. Was mich vor allem interessierte, waren die Zusammenhänge zwischen dem Blutbild und seiner diagnostischen Aussagekraft. Diese Zusammenhänge versuchte ich auch im Rahmen meiner Vorträge zu berücksichtigen.

Bei einem Vortrag über energetische Phänomene und Aurasehen, den ich in Bad Aussee hielt, lernte ich Dr. Udo kennen. Er war für mich als Mediziner sehr interessant. Aber auch ich schien bei ihm Interesse geweckt zu haben, denn nach meinem Vortrag lud er mich ein, ihn in einer hoteleigenen Mayer-Kurpraxis, die er im obersteirischen Gröbming betreute, zu besuchen. In dieser Praxis machte Dr. Udo zusätzlich energetische Behandlungen, die für den Patienten zwar unsichtbar, aber doch spürbar sind. Es handelte sich dabei um die so genannte Magnetfeldtherapie, die die Vitalität des Kurgastes zusätzlich erhöht.

Dr. Udo erkannte wohl das Potenzial meiner Aurasichtigkeit für seine ärztliche Tätigkeit. Er musste sich aber zuerst von meinem Können überzeugen.

Bereits bei meinem ersten Besuch in Gröbming bat mich Dr. Udo, ihn selber anzuschauen. Ich zeigte ihm zunächst seine energetischen Blockaden im Bauchbereich, die bei ihm zu innerer Verspannung führten. Er bestätigte mir meinen Aurabefund und war begierig, noch mehr über sich zu erfahren. Daraufhin sagte ich ihm, dass sein Blut dickflüssig und dunkelrot sei. Er hatte davon keine Ahnung. So empfahl ich ihm, sich bei Claudia eine Dunkelfeldmikroskopie machen zu lassen.

Dr. Udo kannte diese Untersuchungsmethode nicht. Er war aber bereit, meiner Empfehlung zu folgen. Die Diagnose von Claudia war identisch mit meiner. Tatsächlich wies das Blutbild von Dr. Udo gesundheitliche Belastungen auf.

Seit dieser Zeit weiß ich, wie ich meine ungewöhnliche Fähigkeit einzuschätzen habe. Ich bin deswegen noch kein Heiler, sondern nur ein Auraseher. Mein Können besteht darin, energetische Blockaden oder bereits bestehende Störungen zu sehen. Durch meine Erkenntnisse bekommt der Betroffene die Chance, frühzeitig auf die Störungen zu reagieren. So helfe ich ihm, obwohl ich ihn nicht therapieren kann.

Dr. Udo war von der Methode so fasziniert, dass er nach dem Gespräch mit Claudia eine medizinische Weiterbildung in Dunkelfeldmikroskopie absolvierte. Monate später, als ich wieder zu Besuch in seinem Kurhotel war, zeigte er mir seine neue Errungenschaft: Es war ein Spezialmikroskop, das sein medizinisches Angebot für Kurgäste und Hilfesuchende erweiterte.

Jedes Mal, wenn ich bei Dr. Udo war, wollte er mich aufs Neue testen. Einmal ließ er mich die Aura von drei seiner Patienten anschauen, die zuvor dem Experiment zugestimmt hatten. Ich selbst hatte vorher niemals mit diesen Personen Kontakt. So waren alle gespannt, was dabei herauskommen würde.

Ich betrachtete meine Gegenüber stumm. Zwei Kurgäste zeigten keine Auffälligkeiten. Beim dritten sah ich aber eine erhebliche Ausstülpung der Aura im Halsbereich. Außerdem fiel mir die seltsame Blutbeschaffenheit auf. Sein Blut war sehr schaumig und hatte eine rosarote Farbe.

Ich teilte meinen Aurabefund Dr. Udo mit, der die Beschwerden des Kurgastes kannte. Er hatte zuvor das Blut des Patienten mikroskopisch untersucht. Auf den Bildern waren Stauungsneigungen deutlich erkennbar. Darüber hinaus klagte der Kurgast über erhebliche Schilddrüsenprobleme.

Bei diesem Gespräch eröffnete mir Dr. Udo, dass er auch gerne solche diagnostischen Antennen hätte wie ich. Ich entgegnete, dass jeder die Fähigkeit des Aurasehens in sich trage, man müsse diese nur aktivieren. Seitdem tauscht er sich mit mir über seine medizinischen Kenntnisse aus. Ich stehe ihm auch gerne als Aurasichtiger zur Verfügung.

Bei einem unserer Kontakte spielte sich im Kurhotel ein seltsames Ereignis ab. Bei der Chefin des Hauses beschwerten sich des Öfteren Kurgäste darüber, dass sie nicht gut schlafen würden und der Erholungseffekt ausbleibe. Die Chefin sprach mit Dr. Udo über den Vorfall. Er fragte sie daraufhin, in welchen Zimmern die Gäste Schlafprobleme hätten.

Aus der Antwort der Chefin konnte er einen ersten Verdacht ableiten. Die vier Zimmer befanden sich im ersten und im zweiten Stockwerk und lagen übereinander. Die Betten waren alle an der gleichen Stelle des Raumes aufgestellt. So fragte mich Dr. Udo, ob ich mit der Wünschelrute die Zimmer untersuchen könnte.

Ich machte die Untersuchung und fand heraus, dass die Stelle, wo die Betten standen, durch die Strahlungen einer unterirdischen Wasserader beeinflusst waren. Die Betten wurden daraufhin umgestellt. Seitdem hörte die Chefin keine Beschwerden mehr über Schlafstörungen aus den besagten Zimmern.

Nach den Erfahrungen in der Kurklinik von Dr. Udo hatte sich meine Meinung über die Möglichkeiten des Aurasehens erheblich erweitert. Ich sah es immer mehr als meine Aufgabe an, den Menschen zu helfen, fit bis ins hohe Alter zu bleiben. Jeder Mensch hat grundsätzlich ein großes Energiepotenzial zur Verfügung, das ihn über hundert Jahre leben lassen kann. Das Problem ist nur, dass dieses Potenzial nicht richtig genutzt wird.

Die eine oder andere Person wird ein hohes Alter erreichen, ohne sich viel anstrengen zu müssen. Derjenige aber, der energetisch oder krankheitsbedingt blockiert ist, müsste etwas dafür tun. Für ihn wäre es eine große Hilfe, wenn man sich seine Aura genau anschaut und ihm wichtige Tipps zum Umgang mit seinen inneren und äußeren Kräften gäbe.

Jeder Mensch kann selbst seinen Energiefluss bestimmen. Damit steuert er auch maßgeblich sein inneres Wohlbefinden. In diesem Sinne lenkt jeder sein Leben selber. Denn jeder hat die Freiheit, seine Energie gezielt einzusetzen.

Wenn man nicht aufpasst, kann man seine Lebensenergie leicht verlieren. Häufig nimmt der Betroffene den Verlust nicht wahr, oder er will ihn nicht wahrnehmen. In diesem Fall tritt das kosmische Gesetz in Kraft: Der Betroffene fällt auf den Boden und ist irgendwie hilflos. Dann kommt ein Arzt oder Sanitäter und trägt ihn von der Gefahrenstelle weg. Er behandelt ihn und macht ihn wieder fit. Eigentlich hätte der Betroffene es schon früher erkennen müssen, dass er kurz vor dem Absturz war. In der Regel konnte oder wollte er es aber nicht.

Es spielen immer mehrere Faktoren eine Rolle, die einen zu Fall bringen. Das Alter, die Unachtsamkeit, der Stress, vieles kann den Menschen aus dem Gleichgewicht bringen. Deshalb muss man sich disziplinieren, um gesund und ausgeglichen zu bleiben.

Ich versuche, meine Energie immer und überall geschickt zu lenken. Dadurch habe ich den Vorteil, gesund alt zu werden. »Ich bin ich« – heißt meine Lebensmaxime. Dadurch verhalte ich mich nicht egoistisch. Ich fühle nur intensiv in mich hinein, um dem Lebensenergieräuber vorzeitig zuvorzukommen.

Vieles, was im Leben wichtig ist, ist für viele nicht sichtbar. Aber einem Hellsichtigen, der die Aura sehen kann, bleiben solche Dinge nicht verborgen. Er lebt in der Balance und hat die Möglichkeit, auch andere in Balance zu bringen. Dabei helfen ihm die Mitteilungen, die er aus der Geistigen Welt empfängt.

Schon seit Jahren schreibe ich im Trancezustand auf, was mir die Geistige Welt empfiehlt. Der folgende Ratschlag betrifft das »Sein« an sich:

»Wenn du im Fluss bist, entsteht hinter dir ein Sog. Im Fluss behinderst du andere Energien nicht. Wenn du im Fluss bist, hast du die Energie im Griff. Du lenkst dein Sein selber. Doch du musst auch auf andere Energien achten. Versuchen diese, dich aus der Bahn zu bringen, hindern sie dich im Sein, und dein Vorwärtskommen ist nicht möglich. Wenn jemand dich nicht leben lässt, oder dich nicht so nimmt, wie du bist, dann wirst du keinen Energiesog erzeugen können. Du wirst blockiert und im Gegenzug auch den anderen blockieren. Eine negative Spirale entsteht, die beiden schadet. Ein Weiterkommen ist für beide nicht möglich. Deshalb löse dich aus solchen Fesseln. Erkenne, dass du einzigartig bist, und lebe in Harmonie mit dir. Liebe, Licht und Leben.«

Nach solchen Informationen aus der Geistigen Welt bin ich immer so beeindruckt, dass der Gedanke mich regelrecht vorwärts treibt, noch mehr erfahren zu wollen. Die Schöpfung ist etwas Großartiges, und das ganze Universum ist genial aufgebaut. Eine solche Genialität können wir rational gar nicht erfassen. Es ist höchstens möglich, dass wir das Universum als Ganzes fühlen. Auf dieser Ebene der geistigen Erkenntnis vorwärts zu kommen, ist für mich bis heute der größte Wunsch geblieben.

Doch kommen wir zurück zur Realität. Diese hatte für mich weiterhin ihre Tücken. Ich verfügte zwar über hervorragende Fähigkeiten, die Menschen gesundheitlich helfen konnten, arbeitete aber vierzig Stunden pro Woche als angelernter Radladerfahrer in einer Ziegelei. Mein tägliches Training und immer häufigeres Engagement bei Vorträgen, Wünschelrutenbegehungen und Einzelnachfragen schränkten ihrerseits meine Freizeitaktivitäten ein. Dies wirkte sich nicht erfreulich auf meine Beziehung aus. Angelika und ich gingen zunehmend andere Wege, ohne dass besondere Konflikte unser Verhältnis belasteten. Wir hatten einfach zu wenig Zeit, um wieder aufeinander zuzugehen und unsere Gemeinschaft auf eine feste Grundlage zu stellen.

Einige Jahre lang träumte ich immer wieder, wie meine Freundin und ich eine breite Straße entlang der beiden Seiten parallel hinaufgingen, ohne sie überqueren zu können. Der Traum endete dann meistens damit, dass auf der Seite von Angelika plötzlich ein anderer Mann auftauchte, der sie von der Straße wegführte. In diesem wiederkehrenden Traum sah ich das Ende unserer Beziehung nahen, konnte dagegen aber nichts machen. Zwar wünschte ich mir aus vollem Herzen, mit Angelika zusammenzubleiben, war aber weder willens noch in der Lage, meine andere Zukunft dafür aufzugeben.

Tatsächlich begegnete Angelika einem anderen Mann, mit dem sie heute eine gemeinsame Tochter hat. Bereits damals war ich der Meinung, dass ich kein Recht habe, einem Menschen den Weg zu blockieren, den er gehen möchte. Jeder muss frei sein, damit sich seine ganze Persönlichkeit im Leben richtig entfalten kann. Deswegen ist der Faden zwischen Angelika und mir nicht gerissen, vielmehr verbindet uns eine tiefe Freundschaft, die jeden von uns frei leben lässt.

Für mich war der Zeitpunkt gekommen, mein Leben stärker auf meine eigenen Fähigkeiten und Bedürfnisse auszurichten. Bis zu meiner Rente als Ziegeleiarbeiter zu arbeiten, erschien mir keine wünschenswerte Perspektive. So kündigte ich kurzerhand bei meinem Arbeitgeber und zog aus der Betriebswohnung aus.

Ich bekam meine Abfindung und hatte auch noch einige Wochen bezahlten Urlaub. Das eröffnete mir die Möglichkeit, mich in aller Ruhe nach einer neuen Beschäftigung umzuschauen. Ich suchte etwas, wo ich mehr Kontakt zu Menschen hatte. Eine Gelegenheit dazu ergab sich auch recht schnell.

Über einen Bekannten aus der Steiermark erfuhr ich, dass es dort große Nachfrage nach Sportmasseuren gab. Er empfahl mir auch, einen entsprechenden Lehrgang zu besuchen, der im Herbst 1996 stattfinden sollte. Ich fuhr hin und ließ mich in mehreren Kursen zum Sportmasseur ausbilden. Anschließend war ich bei verschiedenen Sportvereinen.

Während meiner Tätigkeit als Sportmasseur konnte ich vor allem die Wechselbeziehungen von Körperkraft und mentaler Energie studieren. Dabei ist mir bewusst geworden, wie stark die physische Leistung mit der psychischen Konzentrationsfähigkeit zusammenhängt. Auch völlig durchtrainierte Athleten können leicht versagen, wenn sie zu wenig energetisch aufgeladen oder ihre Energieströme blockiert sind. So sah ich meine Aufgabe nicht nur darin, den Körper des Sportlers zu behandeln, sondern ihm an den Schwachstellen die notwendige Energie zuzuführen.

Ich beherrschte mein neues Handwerk recht gut. Durch reines Handauflegen konnte ich darüber hinaus die Heilungsprozesse von verstauchten Gelenken oder gezerrten Muskeln beschleunigen. Mit derselben Methode war es mir möglich, die Wettkampfmoral und den Siegeswillen der Betroffenen zu stärken. Ich führte ihnen einfach die Energie zu, die sie in Motivation und Konzentration umwandelten.

Ich schulte mich permanent weiter. Bei einer der Fortbildungen für Sportmasseure zeigte uns ein Lehrer, wie man nervöse Sportler energetisch beruhigen und in Balance bringen könnte. Ein Teilnehmer lag auf der Massagebank. Der Lehrer, er hieß Kurt, legte seine Hand auf dessen Bauchnabel und begann sie kreisen zu lassen.

Als ich Kurt bei seiner Demonstration beobachtete, meldete sich plötzlich meine innere Stimme und sagte: »Aber jetzt liegt ein Boxer vor dir, wie energetisierst du ihn? Energetisierst du ihn so, damit er erfolgreich einen Menschen verprügeln kann?« – »Wie dann?«, fragte ich prompt in mich hinein. Darauf entgegnete die Stimme: »Energetisiere den Boxer so, dass er erkennt, dass Boxen keine Harmonie verbreitet.«

Als ich aus dem kurzen Trancezustand zurück war, hatte ich ein Schreckensbild vor Augen. Zehntausend oder mehr Leute waren in einer Boxhalle versammelt und schrien einem Boxer zu. Sie feuerten ihn an, den Gegner k. o. zu schlagen. Da wusste ich sofort: Setze deine Energie nie für negative Zwecke ein, dies wird dich selbst vor Unheil bewahren.

Erst nach diesem Ereignis merkte ich allmählich, dass ich nicht nur die Stärke, sondern auch die Ausrichtung meiner Energiekraft bestimmen konnte. So war es mir möglich, einen Menschen sowohl nach außen als auch nach innen energetisch aufzuladen. Dabei kam es darauf an, die Energie für plus (positiv) oder für minus (negativ) zu verwenden.

Nach der positiven Aufladung fühlt sich der Behandelte stark für einen Wettkampf oder für einen Auftritt. Dies ist nicht nur für Sportler, sondern auch für Schauspieler, Vortragende, Präsentatoren oder Manager mit Führungs- und Verhandlungsaufgaben nützlich. Bei negativer Aufladung dagegen setzt der Betroffene die ihm zugefügte Energie dazu ein, um seine inneren Ängste und Barrieren zu überwinden. Er öffnet sich seinen Problemen gegenüber und ist bereit, mit mir darüber zu sprechen.

Nach der Erkenntnis, dass ich Menschen die Energie zuführen kann, die sie zum Erkennen ihrer eigenen Probleme brauchen, bekam meine Zukunft eine neue Dimension. Plötzlich verfügte ich über die Kraft, anderen bei der Bewältigung ihres Innenlebens konkret zu helfen. Diese Kraft konnte ich auch auf mich selbst übertragen. So war es mir seit diesem Augenblick möglich, mich für beliebige Zeit in Trance zu versetzen und mich dadurch für Nachrichten aus immer tieferen Sphären der Geistigen Welt zu öffnen.

Der Job als Sportmasseur war nicht besonders einträglich. Ich musste mich immer wieder mit der Ungewissheit herumschlagen, ob ich genügend bezahlte Aufträge pro Monat bekäme. Ich führte zwar ein freies Leben und stellte keine großen materiellen Ansprüche. Doch ich wollte wenigstens so viel Geld haben, dass ich problemlos meine Wohnung, mein Essen und mein Auto bezahlen konnte. Deshalb fing ich an, mich nach einer neuen Beschäftigung umzuschauen. Ich brauchte auch ein Domizil, in dem ich mich wohl fühlte und frei trainieren konnte.

Anfang 1997 bezog ich in einem Zweifamilienhaus in Lustenau eine kleine Dachwohnung. Sie wurde mir von einem älteren Herrn vermietet, der längere Zeit im Ausland lebte. Er selbst hatte seine Wohnung im Untergeschoss.

Mein neues Domizil war natürlich mit dem Haus auf dem Ziegeleigelände nicht zu vergleichen. Dennoch konnte ich darin ungestört leben und trainieren. Außerdem war mein Vermieter ein sehr netter Mensch. Er hieß Reinhard, und wir verbrachten viele unterhaltsame Stunden miteinander.

Reinhard konnte sehr spannend über seine Reisen und seine Arbeit im Hotelgewerbe erzählen. Ich revanchierte mich mit meinen Lebenserfahrungen und Berichten über die Geistige Welt. Er war ein hervorragender Zuhörer, von dem ich in dieser Hinsicht viel gelernt habe.

Reinhard saß gerne vor seinem Haus auf der Gartenbank und beobachtete, wie seine frisch gesetzten Pflanzen und gesäten Samen wuchsen. Einmal sagte er zu mir, dass er immer drei Samen in die Erde stecken würde. Eine Frucht sei für ihn, eine für die Vögel und eine für die Götter, und so hätten alle etwas davon. Ich nickte zustimmend. Wir beide waren einer Meinung über die göttliche Natur.

Mit Reinhard verbinde ich auch eine Geschichte, die mich bis heute mit Schaudern erfüllt. Es war an einem regnerischen Julitag. Reinhard wollte sich mit mir im Gasthaus verabreden. Doch ich musste unerwartet zwei Massagetermine wahrnehmen und konnte die Verabredung nicht halten. Stattdessen ging ich mit den Sportlern ins Gasthaus, um ein Bier zu trinken.

Als ich gegen zwei Uhr nachts nach Hause kam, war alles recht still. Ich zog mich aus und legte mich mit einem Buch ins Bett. Als ich es gerade beiseite legen wollte, hörte ich plötzlich Schritte unter mir. Reinhard war offensichtlich nach Hause gekommen und ging in seinem Wohnzimmer auf und ab.

Ich machte das Licht aus und wollte einschlafen. Es war schon kurz vor drei Uhr nachts. Doch die Schritte unter mir hörten nicht auf. Etwas musste Reinhard wohl stark bedrücken, dass er keine Nachtruhe finden konnte.

Am nächsten Morgen wachte ich früh auf. Ich ging aus dem Haus, um ein paar frische Semmeln zu holen. Auf der Straße sprach mich eine Nachbarin an. »Haben Sie schon gehört?«, sagte sie. »Reinhard ist gestern gestorben.«

Ich war sprachlos. »Wann?«, fragte ich nur. »Am Abend ist er in seiner Wohnung zusammengebrochen und gleich ins Krankenhaus gekommen. Gegen Mitternacht war er bereits tot.«

Die Worte der Nachbarin trafen mich wie ein Schlag. Ich wollte zunächst sagen, dass dies unmöglich sei und ich Reinhard danach noch deutlich gehört habe, biss mir aber rechtzeitig auf die Zunge. »Was würde die Nachbarin von Geistergeschichten verstehen?«, dachte ich im Stillen. Außerdem war es vielleicht doch ein Einbrecher, der die Wohnung durchgewühlt hatte.

Es war kein Einbrecher. Am nächsten Tag hatte ein Stiefbruder von Reinhard die Wohnung geöffnet und alles in bester Ordnung vorgefunden. So stand ich vor einem Rätsel. Es schien mir für die nächtlichen Schritte nur eine einzige Erklärung zu geben.

Ich kann mir vorstellen, dass ein Skeptiker ein solches Phänomen anders erklären würde als ich. Mit seinem rationalen Verstand würde er behaupten, dass ich mir alles nur eingebildet habe. Meine Phantasie sei mit mir durchgegangen, und ich habe plötzlich Geräusche gehört, die es in Wirklichkeit gar nicht gab. Mit dieser Theorie könnte er vielleicht sogar andere davon überzeugen, dass ich unter Wahnvorstellungen leide. Eines würde ihm dabei aber nicht gelingen: die Tatsache aus der Welt zu schaffen, dass ich gehört hatte, wie Reinhard nach seinem Tod in seiner Wohnung stundenlang auf und ab ging.

Mit solchen Tatsachen, die manche leichtfertig als Einbildungen oder Wahnvorstellung abtun würden, könnte ich ein neues Buch füllen. Ich sehe darin zurzeit aber keinen großen Sinn. Noch hätten skeptische Menschen keinen Nutzen davon, wenn sie wüssten, was ich an Informationen aus der Geistigen Welt empfangen habe. Außerdem hat mir die Geistige Welt empfohlen, mit solchen Informationen behutsam umzugehen.

Anstatt über mich und meine Erfahrungen zu reden, will ich lieber anderen Menschen helfen. Durch meine Hellsichtigkeit und die energetischen Kräfte, die ich besitze, bin ich dazu durchaus in der Lage. Voraussetzung dafür ist nur, dass ich in persönlichen Kontakt mit der betreffenden Person komme. Im Gespräch miteinander zeige ich ihr dann den Weg, wie sie ihr Leben gesünder, zufriedener und ausgeglichener gestalten könnte.

Seit einigen Jahren habe ich reichlich Gelegenheit, dies in meinem Freundes- und Bekanntenkreis unter Beweis zu stellen. Nachdem ich 1998 eine Beschäftigung im Security-Sicherheitsdienst übernommen habe, kann ich auch in meinem beruflichen Umfeld meine Fähigkeiten gut einsetzen. Wenn man im Objekt- oder Personenschutz tätig ist und mit teilweise aggressiv eingestellten oder alkoholisierten Personen zu tun hat, ist es schon von großem Vorteil, ihre innere Verfassung anhand der Aura frühzeitig zu erkennen. Noch wichtiger ist es aber, beruhigend auf sie einzuwirken.

Obwohl ich schon häufig in schwierige Situationen verwickelt war, musste ich bisher im Dienst so gut wie nie zu äußeren Mitteln der Gewaltanwendung greifen. In der Regel reicht es aus, innere Stärke zu demonstrieren und bestimmt, aber gelassen auf Drohgebärden der anderen zu reagieren. Voraussetzung für meine beruhigende Wirkung ist aber, dass ich stets die menschliche Nähe zu meinem Gegenüber herstellen kann. Diese Nähe ist die Grundvoraussetzung dafür, dass Menschen Ratschläge oder Hilfe von anderen annehmen.

Bei meinen Gesprächen mit Personen, die Probleme mit ihrem Leben haben, spielt die Nähe eine herausragende Rolle. Aber auch die anderen Grundeinstellungen, die ich in diesem Buch beschrieben habe, sind sehr wichtig. Ohne Mut, Neugierde und Vertrauen kann ich niemandem richtig helfen. Auf der anderen Seite kann auch niemand sein Leben ändern, wenn sich diese Eigenschaften bei ihm nicht einstellen.

Ich brauche Mut, um Sachverhalte anzusprechen, die meinem Gegenüber unangenehm sind und die er am liebsten verdrängen würde. Dies ist in der Regel einfacher gesagt als getan. Es ist mir bewusst, dass bereits ein einziges falsches Wort bei dem Betroffenen zum Abbruch des Gesprächs führen kann. Trotzdem schrecke ich nicht davor zurück, auch die schwierigsten und vermeintlich peinlichsten Situationen anzusprechen. Denn nur wenn die ganze Wahrheit ans Licht kommt, besteht die Chance, das Problem zu lösen.

Der Betroffene muss seinerseits den Mut aufbringen, der Wahrheit ins Auge zu sehen. Ich kann ihm zwar die dafür notwendige Energie geben, diese gezielt einzusetzen ist aber seine Sache. Nur wenn er seine ganze Kraft auf die Lösung des Problems konzentriert, kommt er auf seinem Weg weiter. Er wird aber nach ein paar Schritten in der Regel auch merken, dass es sich lohnt, den Weg zu gehen.

Ich brauche die Neugierde, um mich immer wieder auf neue Menschen und ihr einzigartiges Leben einzulassen. Weil ich neugierig bin, lerne ich aus jeder Begegnung ungeheuer viel. Ich kann aus der Aura meines Gesprächspartners vieles erkennen, was ihm gar nicht bewusst ist. Meine Wahrnehmungen kann ich ihm nur auf seinen Wunsch hin und sehr behutsam mitteilen.

Der Betroffene selbst kommt ohne Neugierde in seinem Leben nicht weiter. Nur daraus kann er die geistige Energie erzeugen, die ihn am Leben erhält. Wenn ein Kranker sich für nichts anderes als seine Krankheit interessiert, wird er mit hoher Wahrscheinlichkeit sehr schnell daran zu Grunde gehen. Das Interesse an der Welt und seinen Mitmenschen kann ihn dagegen lange Zeit am Leben halten.

Ohne Vertrauen ist kein Mensch längere Zeit in der Lage, ein gesundes, zufriedenes und ausgeglichenes Leben zu führen. In einem Gespräch kann ich sehr schnell feststellen, ob mein Gegenüber über diese Grundeinstellung verfügt. Wenn er anderen Menschen vertraut, wird er in der Regel auch mir Vertrauen schenken. Wenn nicht, bin ich kaum in der Lage, ihm zu helfen.

Mit Nähe, Mut, Neugierde und Vertrauen kann jeder die Qualität seines Lebens verbessern. Dies offenbart sich am schönsten in dem Phänomen der Liebe. Sieht man von dem Sexualtrieb und von der Erotik ab, ist die Liebe zwischen zwei Personen durch diese vier Grundeinstellungen bestimmt.

Wenn sich Menschen einsam und unglücklich fühlen, brauchen sie Liebe. Sie zu finden ist kein Zufall, sondern eine Einstellungssache. Wenn man mit Nähe, Mut, Neugierde und Vertrauen anderen Menschen begegnet, findet man früher oder später den richtigen Lebenspartner oder die richtige Lebenspartnerin. Haben beide Partner diese Einstellung, stellt sich die Liebe nicht nur zwangsläufig ein, sondern wird auch bis zum Ende des Lebens andauern.

Die Liebe ist auch die einfachste Methode, um den Lebenssinn zu finden. Dieser hat aber noch einen anderen Nutzen. Er ermöglicht dem Menschen, mit Gleichmut weiterzuleben, auch wenn sein Lebenspartner oder seine Lebenspartnerin nicht mehr da sein sollte.

Um den Lebenssinn zu finden, ist es notwendig, sich auf das Sein zu besinnen. Nur wenn man die Dinge so akzeptiert, wie sie sind, und die Energie fließen lässt, kommt man innerlich zur Ruhe. Jeder Mensch braucht in seinem Leben Ziele und Pläne. Sie müssen sich aber an der Realität und seinen persönlichen Möglichkeiten orientieren. Das beste Leben, das man führen kann, ist ein freies Leben, das einen weder materiell noch intellektuell überfordert. Es ist ein Leben ohne Gram, Neid und Missgunst. Ein Leben in Harmonie mit seinem inneren und äußeren Umfeld.

Ich versuche seit einigen Jahren, ein freies Leben zu führen. Dabei frage ich mich oft, was ich machen würde, wenn meine Hellsichtigkeit im Verborgenen geblieben wäre. Hätte ich trotzdem zur Ruhe und Besinnung gefunden? Oder würde ich mir wie ein Mensch vorkommen, der an seiner Existenz zweifelt?

Natürlich kann ich diese Frage mit letzter Gewissheit nicht beantworten. Doch ich bin mir sicher, dass jeder Mensch sein persönliches Glück finden kann. Dies ist völlig unabhängig davon, über welche materiellen oder geistigen Voraussetzungen er verfügt. Wichtig ist nur, dass er die Liebe und einen Lebenssinn findet und sein eigenes Leben führt.

Epilog:
Wie ich den Menschen helfen kann

Ich begegnete nach längerer Zeit wieder Alexandra. Sie ist eine bildhübsche Frau geworden und machte einen stillen, zufriedenen Eindruck. Ich sagte ihr, dass ich ein Buch über mein Leben und die Hellsichtigkeit schreiben würde. »Das ist aber eine gute Idee«, sagte sie sofort, »damit kannst du vielen Menschen helfen.«

Ich fragte Alexandra, wie damals das Aurasehen für sie zu erklären war. Sie erzählte mir, dass sie sich immer, wenn sie auf Geistwesen oder die Aura von Menschen zeigte, wunderte, dass die anderen es nicht sehen konnten. So kam es mit der Zeit, dass sie aufgehört hat, sich öffentlich über das Aurasehen zu äußern.

Nach diesem Gespräch wurde mir erneut klar, wie schwer es für einen Aurasichtigen sein kann, über sich und seine Erlebniswelt mit anderen zu sprechen. Auf der anderen Seite ist es wichtig, dass ein Hilfesuchender den Aurasichtigen versteht. Deshalb möchte ich das Buch nicht beenden, ohne dem Leser einen Einblick in das Geheimnis des Aurasehens zu gewähren. Ich hoffe, dass er danach nicht enttäuscht sein wird, weil die ganze Technik im Grunde genommen recht einfach ist.

Das Geheimnis des Aurasehens ist schnell entdeckt und entschlüsselt. Das Aurasehen findet nur mit dem dritten Auge statt, welches den Sitz zwischen den Augenbrauen hat. Durch das geistige Durchdringen an dieser Stelle zeigen sich Bilder, die man mit bloßen Augen nicht sieht. Durch ständiges Konzentrationstraining auf diesen Punkt wird das unsichtbare Auge aktiviert. Dieser Aktivierungsprozess ist ein Lernprozess. Er verläuft wie bei einem Kleinkind, das erste Gehversuche unternimmt und von Zeit zu Zeit immer größere Fortschritte macht.

Das Geistige Auge trägt jeder in sich, also ist es durchaus für jeden möglich, diese Fähigkeit zu entwickeln.

Man muss dabei keine Angst haben, dass man durch das dritte Auge etwas zu sehen bekommt, was man vielleicht nicht verkraftet. Wir haben in uns einen intelligenten Selbstschutz: das Unterbewusstsein. Genau das steuert gefahrlos unsere geistige Entwicklung. Somit ist das Aurasehen eine natürliche und ungefährliche Sache.

Mit dem dritten Auge kann man bewusste und unbewusste Energieflüsse kontrollieren. Man sieht in der Aura, ob jemandem Energie entzogen oder zugeführt wird. Auf der anderen Seite würde ja jeder intuitiv spüren, ob er sich wohl fühlt oder nicht. Daraus erkenne ich sofort, ob die Vitalität steigt oder fällt.

Lässt eines Tages die Lebensenergie nach, habe ich selber nicht mehr die volle Kontrolle über meinen Energiefluss. Dann bleibt mir nur noch der Weg offen, den bestmöglichen Helfer zu finden.

Erreiche ich das nicht, schwindet meine Lebenskraft, und ein irdisches Dasein ist wahrscheinlich nicht mehr lange möglich. In diesem Fall heißt es, Abschied zu nehmen von der Erde und hinüberzugehen in eine andere Daseinsform.

Die Farben der Aura zeigen mir den momentanen Energie- und Gemütszustand der betreffenden Person. Helle, klare Farben deuten auf einen ausgeglichenen, gesunden körperlichen und seelischen Zustand hin. Dunkle und trübe Farben hingegen zeigen Energiemangel und seelische Disharmonien auf. Diese Disharmonien führen später tatsächlich zu organischen Beschwerden.

Wenn ich die Aura eines Menschen betrachte, sehe ich drei Schichten umgeben von einer Hülle. Die innere Aura, die wenige Zentimeter vom Körper entfernt ist, die zweite Schicht ein bis zwei Meter und die dritte, die eine Ausdehnung bis zu mehreren Metern hat, je nach Energiepotenzial der betreffenden Person.

Eine Person, die viel Lebensenergie hat, verfügt über eine große Aura, eine mit wenig Lebenskräften hat eine kleine Aura. Steht eine Person kurz vor ihrem Tod, ist die Aura leer, glasig. Der Lebensfaden dieser Person scheint nicht mehr da zu sein.

Beim Aurasehen führe ich mit der betreffenden Person vorher niemals private Gespräche. Ich folge nur ihrer Aufforderung: »Schau meine Aura und sag mir, was du siehst.« Alles, was der Mensch oder ein anderes Lebewesen in sich trägt, ist in der Aura sichtbar. Das Aurasehen ist deshalb eine absolut vertraulich und persönlich zu behandelnde Angelegenheit, die im Stillen abläuft und erst nachher miteinander besprochen wird.

Bei der Beurteilung der Aura eines Menschen gehe ich schrittweise vor. Zuerst betrachte ich die Aura, und danach versuche ich die Blockadenentstehung zu erklären. Ich frage mich, ob eventuelle äußere Einflüsse wie Wasseradern, Erdstrahlen, umweltbedingte Störfaktoren etc. dafür verantwortlich sind. Dann schaue ich, ob erbbedingte

Anlagen die Ursache sein könnten. Das heißt, ob eine dem Alter entsprechende geerbte Schwäche vorliegt. Als Drittes schaue ich, ob die Probleme hausgemacht sind, zum Beispiel durch Alkohol, Drogen, Stress oder seelische Konflikte entstanden sind. Es ist für mich leicht, aus diesen drei Betrachtungspunkten die Blockaden in der Aura zu lesen. Durch meinen Befund hat die betreffende Person die Chance, auf die Blockaden frühzeitig zu reagieren.

Nach dem Betrachten der Aura lege ich die Priorität für eine energetische Hilfe fest. Diese zeigt mir das Unterbewusstsein der betroffenen Person. Der Blick ins Unterbewusstsein ist nur möglich, wenn ich in Trance bin. Dann habe ich das Seelenbild des Menschen vor meinem Geistigen Auge.

Ist die Aura nur umfeldbedingt blockiert, reichen einfache energetische Maßnahmen aus, um sie wieder in Balance zu bringen. Sind hingegen organische Leiden die Ursache, muss der Arzt oder der Therapeut über die Chancen und Grenzen einer Behandlung entscheiden.

Steht ein Mensch kurz vor seinem Tod, hat die Nähe und der seelisch-geistige Beistand Vorrang. Dies ist für den Sterbenden, auch wenn es die letzten Minuten seines Daseins sind, von großer Wichtigkeit und heilender Wirkung. Er kann friedlich in die andere Sphäre wechseln.

Ist ein Mensch durch Stress, seelische Konflikte oder innere Verspannungen blockiert, die ich als Aurasichtiger leicht erkennen kann, empfehle ich leichte energetische Heilmaßnahmen. Sie zielen darauf, den Betreffenden mit Wasser, Luft, Licht, Farben und Klängen der Natur in Berührung zu bringen. Der Kontakt mit der Natur hat für die Befreiung von den energetischen Blockaden Priorität. Er bietet eine einfache, natürliche Hilfestellung, die für jeden mit eigener Disziplin leicht nutzbar ist. Diese Heilenergie steht uns praktisch kostenlos zu Verfügung. Wir müssen sie eigentlich nur im richtigen Moment geschickt aktivieren.

Reichen diese einfachen Maßnahmen nicht aus, weil die Blockade oder körperlichen Beschwerden schon zu weit fortgeschritten sind, lese ich aus der Aura des Betreffenden, welche Veränderung seiner Lebensweise für ihn Priorität hat. Damit erhält er von mir Hinweise, die er sonst vielleicht erst zu spät von einem anderen Helfer erfahren würde. Alle diese Hinweise sind individuell, haben aber einen gemeinsamen Kern: Nütze jeden Tag für dich, um mit deinen Fähigkeiten bis ins hohe Alter frei zu leben.

Die Freiheit ist das höchste Gut des Menschen. Um sie zu erlangen, muss man drei Regeln befolgen:

Um frei leben zu können, müssen wir uns gegenseitig fördern und achten.

Um frei leben zu können, müssen wir eine eigene innere Disziplin aufbauen.

Um frei leben zu können, müssen wir unsere Lebensenergie immer der Natur entsprechend lenken und aktivieren.

Wer diese Regeln befolgt, hat die Chance, gesund, zufrieden und ausgeglichen bis zu seinem irdischen Tod zu leben. Wer jedoch nicht weiß, wie man diese Regeln in die Tat umsetzt, dem erteile ich gerne persönlich einen Rat.

Falls Sie mit dem Autor Kontakt aufnehmen möchten, schreiben Sie bitte an:

Oswald Mühlmann
c/o Goldmann Verlag
Lektorat Arkana
Neumarkter Straße 18
81673 München

GANZHEITLICH HEILEN
GOLDMANN

Kreativität & positive Energie

Debbie Ford, Die dunkle Seite
der Lichtjäger   14167

Chris Griscom,
Der Quell des Lebens   12242

Ingrid Kraaz,
Die Farben deiner Seele   13767

Klausbernd Vollmar,
Chakra-Arbeit   13994

Goldmann • Der Taschenbuch-Verlag

GOLDMANN

*Das Gesamtverzeichnis aller lieferbaren Titel erhalten Sie
im Buchhandel oder direkt beim Verlag.
Nähere Informationen über unser Programm erhalten Sie auch im Internet unter:*
www.goldmann-verlag.de

★

Taschenbuch-Bestseller zu Taschenbuchpreisen
– Monat für Monat interessante und fesselnde Titel –

★

Literatur deutschsprachiger und internationaler Autoren

★

Unterhaltung, Kriminalromane, Thriller
und Historische Romane

★

Aktuelle Sachbücher, Ratgeber, Handbücher und
Nachschlagewerke

★

Bücher zu Politik, Gesellschaft, Naturwissenschaft und Umwelt

★

Das Neueste aus den Bereichen
Esoterik, Persönliches Wachstum und Ganzheitliches Heilen

★

Klassiker mit Anmerkungen, Anthologien und Lesebücher

★

Kalender und Popbiographien

★

Die ganze Welt des Taschenbuchs

★

Goldmann Verlag • Neumarkter Str. 18 • 81673 München

Bitte senden Sie mir das neue kostenlose Gesamtverzeichnis

Name: _____

Straße: _____

PLZ / Ort: _____